"珍藏中国"系列图书

贾文毓 孙轶◎主编

壮美画卷
中国的地形

刘雪婷 编著

希望出版社

图书在版编目（CIP）数据

中国的地形：壮美画卷/贾文毓主编.--太原：希望出版社，2014.10（2022.9重印）
（珍藏中国系列）
ISBN 978-7-5379-6326-8

Ⅰ.①壮… Ⅱ.①贾… Ⅲ.①地理－中国－青年读物
②地理－中国－少年读物 Ⅳ.①K92-49

中国版本图书馆CIP数据核字（2014）第002914号

图片代理：www.fotoe.com

中国的地形——壮美画卷

著　　者	刘雪婷
责任编辑	张　平
复　　审	杨照河
终　　审	刘志屏
图片编辑	封小莉
封面设计	高　煜
技术编辑	张俊玲
出版发行	山西出版传媒集团·希望出版社
地　　址	山西省太原市建设南路21号
经　　销	新华书店
制　　作	广州公元传播有限公司
印　　刷	北京一鑫印务有限责任公司
规　　格	720mm×1000mm　1/16　14印张
字　　数	280千字
版　　次	2015年2月第1版
印　　次	2022年9月第5次印刷
书　　号	ISBN 978-7-5379-6326-8
定　　价	55.00元

目录

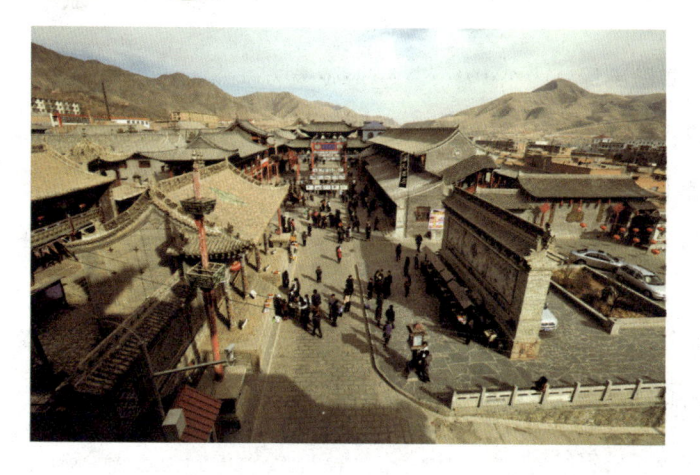

一、神奇中国

开天传说 ………………………………………… 8
盘古开天辟地…………………………………………8
女娲补天……………………………………………10
精卫填海……………………………………………11
愚公移山……………………………………………13
"高原上映天镜"——青海湖的美丽传说……………14
罗布泊之谜…………………………………………17

寻找真相 ………………………………………… 19
真实的中国地形……………………………………19
中国地形的特征……………………………………20

二、地大中国

四大高原 …………………………………… 23

世界屋脊——青藏高原 …………………………… 23
瀚海——内蒙古高原 ……………………………… 30
世界最大的黄土质高原——黄土高原 …………… 38
喀斯特地貌——云贵高原 ………………………… 47

四大盆地 …………………………………… 53

世界第一大内陆盆地——塔里木盆地 …………… 53
与天山共舞——准格尔盆地 ……………………… 60
聚宝盆——柴达木盆地 …………………………… 65
天府之国——四川盆地 …………………………… 69

三大平原 …………………………………… 76

北大仓——东北平原 ……………………………… 76
粮棉油重地——华北平原 ………………………… 82
水乡泽国鱼米之乡——长江中下游平原 ………… 87

四大领海 …………………………………… 93

渤海 …………………………………………………… 94
黄海 …………………………………………………… 97
东海 …………………………………………………… 100
南海 …………………………………………………… 102

三、景致中国

群山环绕 …… 115

珠穆朗玛峰 …… 115

阴山 …… 120

玉龙雪山 …… 122

天山 …… 124

昆仑山 …… 130

祁连山 …… 135

唐古拉山 …… 137

阿尔泰山 …… 139

贺兰山 …… 141

横断山脉 …… 148

大兴安岭 …… 150

太行山 …… 152

巫山 …… 154

雪峰山 …… 156

南岭 …… 157

秦岭 …… 160

大江东去 …… 163

长江 …… 163

黄河 …… 168

珠江 …… 171

雅鲁藏布江 …… 173

额尔齐斯河 … 177
淮河 … 178
松花江 … 180
黑龙江 … 185

大江东去 … 187

蜀道 … 187
茶马古道 … 191
京西古道 … 193
唐蕃古道 … 198
河西走廊 … 200

大自然的纪念碑 … 201

卧龙自然保护区 … 202
扎龙自然保护区、盐城自然保护区 … 205
鼎湖山自然保护区 … 207
西双版纳自然保护区 … 209
珠穆朗玛峰自然保护区 … 210
可可西里自然保护区 … 211
神农架自然保护区 … 213
九寨沟自然保护区 … 214
梵净山自然保护区 … 215
长白山自然保护区 … 217
喀纳斯自然保护区 … 220
武夷山自然保护区 … 223

一 | 神奇中国

一

神奇中国

珍藏中国 中国的地形

开天传说

盘古开天辟地

今天，在祖国西南的广西一带，民间还流传着这样一首神奇的《盘古开天辟地歌》：盘古开天地，造山坡河流，划洲来住人，造海来蓄水。盘古开天地，分山地平原，开辟山岔路，四处有路通。盘古开天地，造日月星辰。因为有盘古，人才得光明。

传说在天地还没有开辟以前，宇宙就像是一个大鸡蛋，混沌一团。有个叫盘古的巨人，在这个"大鸡蛋"中一直酣睡了约18 000年后醒来了。醒来后的盘古发现自己周围除了黑暗还是黑暗。他想伸展一下筋骨，但"鸡蛋"紧紧包裹着身子，让他不能自由活动。盘古感到浑身燥热不堪，呼吸非常困难。天哪！这该死的地方！盘古不能想象自己可以在这种环境中生存下去。他火冒三丈，勃然大怒，于是，盘古拔下自己的一颗牙齿，把它变成威力巨大的神斧，然后抡起斧头用力向周围劈砍。一声巨响，"大鸡蛋"碎了，千万年的混沌黑暗被搅动了，其中，又轻又清的东西慢慢上升并渐渐散开，变成蓝色的天空；而那些厚重混浊的东西慢慢地下降，变成了脚下的土地。盘古站在这天地之间非常高兴。他怕天地再合拢变成以前的样子，于是就用双手撑着青天，双脚踏着大地，让自己的身体每天长高一丈，

▲盘古开天辟地

▲愚公移山

天也随着他的身体每天增高一丈。这样又过了18 000年，天越来越高，地越来越厚，盘古的身体长得有90 000里那么长了。

盘古太伟大了，竟然创造出这样一个崭新的世界！从此，天地间的万物再也不会生活在黑暗中了。

很久以后，疲惫的盘古长长地吐出一口气，慢慢地躺在地上，闭上沉重的眼睛，与世长辞了。

伟大的英雄死了，但他的遗体并没有消失——

盘古临死前，他嘴里呼出的气变成了风和天空的云雾；声音变成了天空的雷霆；盘古的左眼变成太阳，照耀大地；右眼变成皎洁的月亮，给夜晚带来光明；千万缕头发变成颗颗星星，点缀美丽的夜空；鲜血变成江河湖海，奔腾不息；肌肉变成千里沃野，供万物生存；骨骼变成树木花草，供人们欣赏；筋脉变成了道路；牙齿变成石头和金属，供人们使用；精髓变成明亮的珍珠，供人们收藏；汗水变成雨露，滋润禾苗。盘古倒下时，他的头化作了东岳泰山（在山东），他的脚化作了西岳华山（在陕西），他的左臂化作南岳衡山（在湖南），他的右臂化作北岳恒山（在山西），他的腹部化作了中岳嵩山（在河南）。传说盘古的精灵魂魄也在他死后变成了人类。所以，都说人类是世上的万物之灵。

盘古生前完成开天辟地的伟大业绩，死后留给后人无穷无尽的宝藏。因此，盘古成为中华民族崇拜的英雄。

女娲补天

女娲是中国上古神话中的一位创世女神。她有许多伟大的事迹流传后世。传说中，最早的人类就是女娲用黄土团造成的。除了造人，女娲还曾经拯救过我们生活的这个美丽的世界。

盘古开天辟地，女娲用黄泥造人之后，日月星辰各司其职，子民安居乐业，四海歌舞升平。不料，后来共工与颛顼两位大神争夺天帝的位置，失败了的共工发怒后，用自己的头撞向大地的支柱——不周山，导致天柱断折，天空向西北倾斜，大地在东南塌陷，天上的水和火倾斜到大地上，神州各地洪水泛滥，大火蔓延，人民流离失所。

女娲看到她的子民们陷入巨大灾难之中，十分关切，决心炼出五色石来补好苍天。于是她周游四海，遍涉群山，最后选择了东海上的仙山——天台山。天台山是东海上五座仙山之一，五座仙山分别由神鳌驼着，以防沉入海底。女娲为何选择天台山呢？因为只有天台山才出产炼石用的五色土，是炼补天石的绝佳之地。

于是，女娲在天台山山顶堆巨石为炉，取五色土为料，又借来太阳神火，历时九天九夜，练就了五色巨石36 501块。然后又历时九天九夜，用36 500块五彩石将天补好。剩下的一块，就遗留在天台山中汤谷的山顶上。

天是补好了，可是却找不到支撑四极的柱子。要是没有柱子支撑，天就会塌下来。情急之下，女娲只好将背负天台山的神鳌的四只足砍下来支撑四极。可是天台山要是没有神鳌的负载，就会沉入海底，于是女娲将天台山移到东海之滨的琅琊，就是今天日照市的涛雒镇一带。至今，天台山上仍然留有女娲补天剩下的五彩石，后人称之为太阳神石。

▲女娲补天

一 神奇中国

女娲补天之后，天地稳定了下来，洪水回到了河流里和湖泊当中，烈火熄灭，四海宁静。人们在天台山载歌载舞，欢庆补天成功，又在山下建立女娲庙，世代供奉，朝拜者络绎不绝，香火不断。

精卫填海

茫茫的大海波涛汹涌，有谁能够战胜这样强大的力量呢？当然是聪敏而又坚强的人类。中国古代的神话里面，就有一个精卫填海的故事。

传说上古的天神炎帝有一个女儿，叫女娃，长得十分乖巧，黄帝见了她，也都忍不住夸奖她，炎帝更是视女娃为掌上明珠。

一天，炎帝不在家，女娃便独自玩耍，她非常想让父亲带她出去，到东海——太阳升起的地方去看一看。可是父亲忙于公事，总是不能带她去。这一天，女娃没告诉父亲，便一个人驾着一只小船向东海太阳升起的

▲精卫填海

地方划去。不幸的是，海上突然起了狂风大浪，像山一样的海浪把女娃的小船打翻了，女娃不幸落入海中，不一会儿就被无情的大海吞没了，永远回不来了。炎帝很想念自己的女儿，却不能使她死而复生，他只有独自神伤了。

女娃死了，她的灵魂化作了一只小鸟，花脑袋，白嘴壳，光着脚，发出"精卫、精卫"的悲鸣，所以，人们便叫此鸟为"精卫"。

精卫痛恨无情的大海夺去了自己年轻的生命，她要报仇雪恨。因此，她一刻不停地从她住的发鸠山上衔了一粒小石子，展翅高飞，一直飞到东海。她在波涛汹涌的海面上飞翔着，悲鸣着，把石子树枝投下去，想把大海填平。

大海奔腾着，咆哮着，嘲笑她："小鸟儿，算了吧，你这工作就干一百万年，也休想把我填平！"

精卫在高空答复大海："哪怕是干上一千万年，一万万年，干到宇宙的尽头，我终将把你填平的！"

"你为什么这么恨我呢？"

"因为你夺去了我年轻的生命，你将来还会夺去许多年轻无辜的生命。我要永无休止地干下去，总有一天会把你填成平地。"

精卫飞翔着，鸣叫着，离开大海，又飞回发鸠山去衔石子和树枝。她衔呀，扔呀，成年累月，往复飞翔，从不停息。后来，一只海燕飞过东海时无意间看见了精卫，他为她的行为感到困惑不解，但了解了事情的起因之后，海燕为精卫大无畏的精神所打动，就与其结成了夫妻，生出许多小鸟，雌的像精卫，雄的像海燕。小精卫和她们的妈妈一样，也去衔石子和树枝填海。直到今天，她们还在做着这种工作。

精卫锲而不舍的精神，善良的愿望，宏伟的志向，受到人们的尊敬。晋代诗人陶潜在诗中写道："精卫衔微木，将以填沧海。"热烈赞扬精卫小鸟敢于向大海抗争的悲壮战斗精神。后世人们也常常以"精卫填海"比喻志士仁人所从事的艰巨卓越的事业。

人们同情精卫，钦佩精卫，把她叫做"冤禽"、"誓鸟"、"志鸟"、"帝女雀"，并在东海边上立了个古迹，叫做"精卫誓水处"。

愚公移山

我国的许多地方都是高山纵横。这些高山风景秀丽，气势磅礴。然而，高山也阻碍了山里人们的交通和生活。面对这样的高山，人们有什么样的办法呢？

传说，很久以前有太行、王屋两座大山，四面各是七百里，高达七八千丈。它们原来位于冀州（现在的河北一带）的南部、黄河的北岸。

北山脚下有个叫愚公的人，年纪将近九十岁了，面对着山居住。愚公苦于山北面道路阻塞，进进出出曲折绕远。于是愚公召集全家人来商量说："我和你们用尽全力铲平险峻的大山，使它一直通到豫州南部，到达汉水南岸，好吗？"大家纷纷表示赞同他的意见。愚公的妻子提出疑问说："凭您的力量，连魁父这座土山都削不平，又能把太行、王屋这两座山怎么样呢？况且把土石放到哪里去呢？"大家纷纷说："把土石扔到渤海的边上，隐士的北面。"愚公于是带领三个能挑担子的子孙，凿石头，挖泥土，用畚箕运送到渤海的边上。邻居寡妇有个孩子，刚七八岁，蹦蹦跳跳去帮助他们。冬夏换季，才往返一次呢。

河曲的智叟讥笑着阻止愚公说："你太不聪明了。凭你的余年剩下的力气，连山上的一根草都不能毁掉，又能把泥土和石头怎么样？"北山愚公长叹一声说："你思想顽固，顽固到不能改变的地步，竟然比不上寡妇和小孩子。即使我死了，还有儿子在呀；儿子又生孙子，孙子又生儿子；儿子又有儿子，儿子又有孙子；子子孙孙没有穷尽的，可是山不会增高加大，愁什么挖不平？"河曲智叟没有话来回答。

手持条蛇的山神听说了这件事，怕他不停地挖下去，向天帝报告了这件事。天帝被他的诚心感动，命令夸娥氏的两个儿子背走了这两座山。一座放在朔方的东部，一座放在雍州的南面。从此，冀州的南部，汉水的南面，没有山冈阻隔了。

愚公移山成功的事情，反映了我国古代劳动人民改造自然的伟大气魄和惊人毅力，说明了要克服困难就必须下决心坚持不懈的道理。

"高原上映天镜"——青海湖的美丽传说

这里流传着许多美丽的传说。据说在远古时代，东海龙王生了四个儿子，大儿子、二儿子、三儿子分别担任南海、东海、北海龙王，唯独小儿子无海可去，老龙王迫于无奈，一日驾云来到青海湖，见这里风光迷人，于是就汇集了108条河流，造成了"西海"，让小儿子担任"西海"龙王，这"西海"就是现在的青海湖了。

有人把青海湖比作是"大海退却时遗落的一滴伤心泪水"，也有人把它看成是女娲补天时不小心遗落下的一块蓝宝石，或者是镶嵌在世界屋脊上的一面明镜。

青海湖原先是个淡水湖，湖中的生物很多。随着地壳的运动，青海湖变成了内陆湖，湖水不断下降，湖水中的盐分随之逐渐变浓，如今已经达到了千分之六的浓度。加之青藏高原海拔较高，湖水中的含氧量比较低，浮游生物稀少，湖中的动植物因此也大大减少。青海湖为什么从淡水湖变成咸水湖了呢？当地流传着一个动人的传说。

传说青海湖本身是一眼神泉。当年二郎神杨戬被孙悟空打败，逃到这眼神泉边解乏，用三块石头支了一口锅做饭吃，取泉水后却忘记了盖好神泉的盖子。二郎神刚把盐撒到锅里，泉水就从泉眼里涌出来，变成了一片汪洋。情急之下，他抓起了一座山压在神泉之上，便成了现在的青海湖和湖中的海心山，支锅的石头便是现在湖中的三个小岛（三块石头），撒在锅中的盐和水混在了一起，所以湖水是咸的。

青海湖周围居住的不仅仅是藏民族，还有汉族和蒙古族。蒙古族人民对青海湖也是尊崇有加，他们把青海湖称作"库库淖尔"，这个称谓也有个传说。

青海湖美丽辽阔，湖边有茂盛的牧草，是富饶的天然牧场。从古至今，各民族环湖而居，生息繁衍。可是，一些部落头领为了权势私欲，不断挑起战争，使平静的草原阴风怒

知识链接

青海湖古代称为"西海"，又称"鲜水"或"鲜海"。藏语称"错温波"，蒙古语称"库库淖尔"，意思是"青色似海"、"蓝色的海洋"。

号，愁云惨淡，一场战争下来，搞的尸横遍野，血流成河。杜甫写下"君不见，青海头，古来白骨无人收"的诗句。

这时，蒙古族内部出了一位英雄，他叫库库淖尔。他耐心地教育他的本族兄弟们，要和邻居和睦相处，强烈反对头人们挑起战争。和他相邻的部族常受到豹子和狼的频繁袭击，库库淖尔组织本族强壮猎手射杀豹子和狼。有一年，与他相邻的部族遇上了天灾，他四处奔走，挨家挨户说服本族帮助相邻部族摆脱困境。他的义举受到了草原上各族人民的赞扬，各部落之间的仇恨也开始慢慢化解了，草原重新变得安宁祥和。

为了各族人民生活幸福，库库淖尔积劳成疾，最后离开了人世。草原上的人们听到后放声痛哭，哭声传到了天庭，天神才知他是个善良勇敢的人，是个英雄，就把他封为团结之神，让他管理环湖牧民的祸福。牧民们知道此事后，兴高采烈，奔走相告。后来就把青海湖叫库库淖尔。

当然，藏族的传说也不甘落后，甚至更为神奇。传说很久很久以前，这片草原的人们共用一眼神泉水，取出泉水后要用石头掩盖起来。有一天，一

▼青海湖

个女人取水后忘了盖井盖，致使泉水溢出形成了大海。后来菩萨（另一说莲花生大师）从印度搬来玛哈代瓦山压住泉眼，这就是如今的海心山。就在此同时，一个女妖也搬来一座山峰（在天峻县境内）相击，结果被击碎，是如今湖西南部的孤插山。

到了赤松德赞时期，莲花生大师降伏了女妖，女妖皈依佛门，以保护藏地，成为藏地的护法女神之一。

民间还传说青海湖里住着赤雪女王九姐妹。有的藏文文献中记载湖中住着曼秋姆王姐妹。藏民对她们崇拜有加。每逢藏历羊年，数以万计的佛教信徒来此朝拜。湖中海心山最高处建有两座小庙，是环湖地区著名的修行圣地，常有尼姑和阿卡在此闭关修炼。

关于海心山还有个传说。

据说唐太宗贞观十五年（公元641年），文成公主与吐蕃松赞干布成亲，雪域的逻些城（今日拉萨）处在欢乐的海洋中，上至官员，下至黎民，盛装聚集，瞻仰唐朝公主的花容月貌。其中，有一个奸臣，看见公主是人间第一流的美女，便垂涎三尺，暗打主意要把公主弄到手，便在两新人之间挑拨离间。奸臣的不法行为，被年高德重、法术又高的大臣戈尔识破，当着松赞干布的面揭穿了他。谁知松赞干布反倒以为戈尔在陷害好人，一气之下，便下令将他驱逐出境。

戈尔愤怒之下双目失明，带上小孩向东进发。一天，走到今日青海湖的河床处，父子俩又困又乏，小孩口渴要喝水。戈尔掐指一算，发现了这里的奥妙，便指着低谷深处的一块石板说："到前边去，揭开那块石板会有清水冒出来。"并再三叮咛道："喝了水，马上盖好石板，要不会出大乱子的。牢记，牢记。"说毕，拖着疲乏的身子躺在地上睡着了。小孩揭开石板，果然有甘甜的泉水冒出来。小孩连喝几十口，才解了渴，然后又洗手洗脚，玩了个痛快，随后跑到别处去摘花、捕鸟，把盖石板忘得一干二净。不料，那水越冒越高，越喷越猛，等到戈尔老人醒来，面前已是一片汪洋大海，无法再盖上石板了。戈尔知道这个水眼是当年平息洪水时凿下的，若不镇住便会酿成大祸。戈尔老人急中生智，用足法力，掷出了一把宝剑，把西藏一座名叫沃羌俄吾的山头削了过来，压在冒水的眼上，狂喷的水被镇压了下去。这半座山头便成为后来的海心山。但碧波连天的大海，再也无法退去，它便成了后来的青海湖。

青海湖被历代王朝所重视。唐玄宗、宋仁宗一直到清雍正帝几次加封于它，至今环湖地区还留有祭祀海神的多处地点。

罗布泊之谜

罗布泊位于我国新疆境内的塔克拉玛干沙漠中，是一个充满神奇色彩的无人之地。

世人对罗布泊所知很少，尽管科学家对其进行了很多的研究，然而我们最为熟悉的还是只有位于罗布泊的楼兰古城、"楼兰美女"和丝绸之路，除此之外，罗布泊神秘面纱下还有很多神奇的故事。

◆大耳朵之谜

1972年7月，美国宇航局发射的地球资源卫星拍摄的罗布泊的照片上，罗布泊竟酷似人的一只耳朵，不但有耳轮、耳孔，甚至还有耳垂。对于这只地球之耳是如何形成的，有观点认为，这主要是50年代后期来自天山南坡的洪水冲击而成。洪水流进湖盆时，穿经沙漠，挟裹着大量泥沙，冲击、溶蚀着原来的干湖盆，并按水流前进方向，形成水下突出的环状条带。正因为干涸湖床的微妙的地貌变化，影响了局部组成成分的变化，这就势必影响干涸湖床的光谱特征，从而形成"大耳朵"。但也有人对此持不同观点，科学家们众说纷纭，争论不已，也许对于罗布泊的争论永远都不会结束。

◆诡异之谜

为揭开罗布泊的真面目，古往今来，无数探险者舍生忘死深入其中，不乏悲壮的故事，更为罗布泊披上神秘的面纱。有人称罗布泊地区是亚洲大陆上的一块"魔鬼三角区"，古丝绸之路就从中穿过，很多先辈在此牺牲，白骨到处皆是。东晋高僧法显西行取经路过此地时，曾写道："沙河中多有恶鬼热风遇者则死，无一全者……"许多人竟渴死在距泉水不远的地方，不可思议的事时有发生。

1949年，从重庆飞往乌鲁木齐的一架飞机，在鄯善县上空失踪。1958年却在罗布泊东部发现了它，机上人员全部死亡。令人不解的是，飞机本来是向西北方向飞行，为什么突然改变航线飞向正南。

1950年，解放军剿匪部队一名警卫员失踪，事隔30余年后，地质队竟在远离出事地点百余千米的罗布泊南岸红柳沟中发现了他的遗体。

珍藏中国 中国的地形

1980年6月17日，著名科学家彭加木在罗布泊考察时失踪，国家出动了飞机、军队、警犬，花费了大量人力物力，进行地毯式搜索，却一无所获。

1990年，哈密有7人乘一辆客货小汽车去罗布泊找水晶矿，一去不返。两年后，人们在一陡坡下发现3具干尸。汽车距离死者30千米，其他人下落不明。

1995年夏，米兰农场职工3人乘一辆北京吉普车去罗布泊探险而失踪。后来的探险家在距楼兰17千米处发现了其中2人的尸体，死因不明，另一人下落不明。令人不可思议的是，他们的汽车完好，水、汽油都不缺。

1996年6月，中国探险家余纯顺在罗布泊徒步孤身探险中失踪。当直升机发现他的尸体时，法医鉴定已死亡5天，原因是由于偏离原定轨迹15多千米，找不到水源，最终干渴而死。

2005年末，有人在罗布泊内发现一具无名男性尸体，当时据推测该男子是名"驴友"，法医鉴定其并未遇害。这具尸体被发现后，也引起了国内数十万名"驴友"的关注，更有人在互联网上发出了寻找其身份的倡议，最后在众人的努力下，终于确定了该男子的身份，并最终使其遗骸回归故里。经查明，该男子是2005年自行到罗布泊内探险，但为何死亡，却一直是个谜……

◆游移之谜

最早到新疆考察的中外科学家们曾对罗布泊的确切位置争论不休，最终问题没有解决，却引出了争论更加激烈的"罗布泊游移说"。此说是由瑞典探险家斯文·赫定提出的，他认为罗布泊存在南北湖区，由于入湖河水带有大量泥沙，沉积后抬高了湖底，原来的湖水就自然向另一处更低的地方流去，又过许多年，抬高的湖底由于风蚀会再次降低，湖水再度回流，这个周期为1500年。

斯文·赫定这一学说，虽然曾得到了世界普遍认可，但对此质疑者也不在少数。近年来，我国科学家根据对罗布泊的科考结果，也对罗布泊游移说提出了质疑和否定。然而对这一问题的争论，使人们对罗布泊这个幽灵般的湖泊，更加感到扑朔迷离了。

▲探险家余纯顺之墓

寻找真相

真实的中国地形

我们的祖国——中国的陆地面积为960万平方千米，在世界上位居第三。在这片辽阔的大地上，地形的类型真是多种多样、丰富多彩。这里有雄伟的高原、起伏的山岭、广阔的平原、低缓的丘陵，还有四周群山环抱、中间低平的大小盆地。在温暖湿润的东部和南部，有各种各样流水作用为主的侵蚀和堆积地貌；在干旱的西北，有风力作用为主的沙漠景观；在西部高山上，有别具特色的冰川地貌；在西南部石灰岩分布地区，还有景色迷人的喀斯特地貌景观。

在这众多的地形中，青藏高原、云贵高原、内蒙古高原和黄土高原是中国高原中的佼佼者；塔里木盆地、准噶尔盆地、柴达木盆地和四川盆地是中国盆地中的"领军人物"；长江、黄河、珠江和黑龙江等大河流，在辽阔的大地上奔流，造成了许多广大而肥沃的平原，其中的东北平原、华北平原、长江中下游平原是最为有名的代表。在平原上，还点缀有葱郁秀丽的低山丘陵；在西部，更有无数高大崎岖的山地。多种多样的地形为中国农、林、牧、副、渔等各种产业的综合发展，提供了极为有利的条件。

据统计，中国的山地丘陵面积约占全国土地总面积的43%，高原占26%，盆地占19%，平原占12%。如果把高山、中山、低山、丘陵和崎岖不平的高原都包括在内，那么中国山区的面积要占全国土地总面积的2/3以上。山区虽然不利于种植业的发展，也不利于交通运输以及经济文化的交流，但却埋藏着丰富的矿藏，生长着茂密的森林和珍贵的动植物资源，它们都是中国经济建设中不可缺少的宝贵财富，也是大自然赠予我们的最为珍贵的礼物。

中国地形的特征

中国地貌类型多样，总体呈现两大特征。其一是西高东低，呈阶梯形状分布；其二是山脉纵横，定向排列。

西高东低，呈阶梯状分布。

滚滚黄河、滔滔长江，这两条巨龙从青藏高原出发，向东穿越十几个省、市、自治区后，分别跃进渤海和东海。这两条大河的流向大体上反映了中国西高东低的地形特征。中国的地形不仅西高东低，而且各种地形类型大致围绕被称作"世界屋脊"的青藏高原，像阶梯一样作半圆状向着东方的太平洋逐级降低。大陆地形被两条山岭组成的地形界线明显地分成了三级阶梯。

中国地形上最高一级阶梯是青藏高原，面积达230万平方千米，平均海拔在4000米以上。它雄踞于祖国西南部，其上横卧着一列列连绵不断的雪峰山脉。自北向南有昆仑山脉、阿尔金山脉、祁连山脉、唐古拉山脉、喀喇昆仑山脉、冈底斯山脉和喜马拉雅山脉。在这些山岭之间还镶嵌着许多牧草丰美、湖光潋滟的大大小小的盆地。

越过青藏高原北缘的昆仑山-祁连山和东缘的岷山-邛崃山-横断山一线（一、二阶梯的分界线），地势就迅速下降到海拔1 000～2 000米左右，局部地区的海拔更是在500米以下，这便是中国地形上的第二级阶梯。它的东缘大致以大兴安岭至太行山，经巫山向南至武陵山、雪峰山一线为界。许多大型的山脉、盆地和高原坐落在这里，自北而南有阿尔泰山脉、天山山脉、秦岭山脉，内蒙古高原、黄土高原、云贵高原，准噶尔盆地、塔里木盆地、柴达木盆地和四川盆地等。

翻过大兴安岭至雪峰山一线，向东直到海岸，这是一片海拔在500米以下的丘陵和平原，自北向南有东北平原、华北平原和长江中下游平原，长江以南还有一片广阔的低山丘陵，通常被称之为东南丘陵，这就是中国的第三级阶梯。

从海岸线向东，则是一望无际的万顷碧波。近海处岛屿星罗棋布，水深大都不足200米，这部分海域被称为浅海大陆架区，也有人把它当做中国地形的第四级阶梯。

对着地图，沿着北纬32°线自西向东作一幅中国地形的剖面图，大家就会看到，最西边是挺拔的高原，中部是低矮的盆地，东部则是舒缓的平原。西高东低，呈阶梯状逐级下降的地势特点十分明显。

总体来看，两条界线、三级阶梯，自西向东逐级下降，大致可以勾勒出中国地形的总体轮廓。这种地形特点，有利于来自东南方向的暖湿海洋气流沿着一个个"台阶"深入内地，给中国的大片地区带来良好的湿润气候，使中国东部平原、丘陵地区能得到充分的降水；还使得中国的许多地方降雨和高温发生在同一时期，为中国农业生产的发展提供了优越的水、热条件；还使大陆上的主要河流都向东奔流入海，既易于沟通中国的海陆交通，也便于中国东西地区之间经济贸易的交流。这种阶梯状的地形在一定程度上影响到河流的流速，最终形成了许多较大的多级落差，从而制造出储量丰富的水力资源。

山脉纵横，定向排列。

中国是一个多山的国家，不仅山区面积广大，而且山脉分布规则有序，按一定方向排列，大致以东西走向和东北-西南走向的为最多，西北-东南走向和南北走向的较少。

东西走向的山脉主要有三列：最北的一列是天山-阴山，中间的一列是昆仑山-秦岭，最南的一列就是南岭。

东北-西南走向的山脉多分布在东部，山势较低，这种走向的山脉主要也有三列：最西的一列是大兴安岭-太行山-巫山-武陵山-雪峰山，也就是前面提到的第二和第三级阶梯的分界线；中间的一列包括长白山、辽东丘陵、山东丘陵和浙闽一带的东南丘陵山地；最东的一列则是崛起于海上的台湾山脉。

西北-东南走向的山脉多分布于西部，由北而南依次为阿尔泰山、祁连山。

南北走向的山脉纵贯中国中部，主要包括贺兰山、六盘山和横断山脉。

弧形山脉主要有喜马拉雅山脉，呈向南凸出的弧形，平均海拔6 000米。在中尼边境的珠穆朗玛峰海拔8 844多米，是世界第一高峰。

上述这些山脉构成了中国地形的骨架。横亘全国的东西向山脉，又是一些大河的分水岭。秦岭山脉是黄河和长江的分水岭，南岭山脉是长江和珠江的分水岭。河流的流向明显地受着山脉的制约，如西南部的雅鲁藏布江、金沙江、澜沧江和怒江等，它们的流向都受到冈底斯山、唐古拉山、喜马拉雅山与横断山等山脉的控制。长江、黄河总的流向是自西向东，但许多河段也受山脉走向的制约，时宽时窄，时而向东南流，时而向东北流，最后东流入海。

从中国陆地的第三级阶梯继续向海面以下延伸，就是浅海大陆架，这是大陆向海洋自然延伸的部分，一般深度不大，坡度较缓，海洋资源丰富。

珍藏中国 中国的地形

二

地大中国

二 地大中国

四大高原

世界屋脊——青藏高原

"是谁带来远古的呼唤？是谁留下千年的祈盼？难道说还有无言的歌，还是那久久不能忘怀的眷恋？哦！我看见一座座山一座座山川，一座座山川相连。呀啦索，那可是青藏高原？是谁日夜遥望着蓝天？是谁渴望永久的梦幻？难道说还有赞美的歌，还是那仿佛不能改变的庄严？哦！我看见一座座山一座座山川，一座座山川相连。呀啦索，那就是青藏高原！"这就是著名歌手李娜那首脍炙人口、红遍大江南北的《青藏高原》。长江、黄河的发源地，圣洁的雪域高原，丝绸之路的延伸，神秘的宗教文化，灿烂的历史，鲜活的风土人情，壮丽的山河……《青藏高原》赞美祖国大好河山，期盼世界和平、人类安康，也成就了人们对西藏的向往。

下面就让我们带着对雪域高原的崇敬之心，走进青藏高原，品读青藏高原。

▲青藏高原雪山

中国的地形

◆ 感知雪域高原

青藏高原旧称青康藏高原,位于中国西南部,是中国最大的高原。它包括西藏自治区全部和青海省、新疆维吾尔自治区、甘肃省、四川省、云南省的部分,以及不丹、尼泊尔、印度、巴基斯坦、阿富汗、塔吉克斯坦、吉尔吉斯斯坦等国家的部分或全部,总面积达250万平方千米,平均海拔4000米~5000米。青藏高原是世界上海拔最高的高原,有"世界屋脊"和"第三极"(与南极和北极对应)之称。

青藏高原实际上是由一系列高大山脉组成的高山"大本营",南有喜马拉雅山,北有昆仑山和祁连山,西为喀喇昆仑山,东为横断山脉。高原内还有唐古拉山、冈底斯山、念青唐古拉山等。这些山脉海拔大多超过6 000米,喜马拉雅山不少山峰超过8 000米。所以说"高"是青藏高原地形上的一个最主要的特征。

高原上有两组不同走向的山岭相互交错,这些山脉把高原分割成许多盆地、宽谷和湖泊。湖泊众多是青藏高原在地形上的另一个重要特色。这些湖泊主要靠周围高山冰雪融水补给,而且大部分都是自立门户,独成"一

▲ 纳木湖

> **知识链接**
>
> 美丽的日光城——拉萨，是一座具有1 300年历史的古城。这座古城坐落在雅鲁藏布江支流拉萨河的北岸，海拔3 650多米，是世界上海拔最高的城市之一，也是我国首批公布的24座国家历史文化名城之一。
>
> "拉萨"古称"惹萨"，藏语"山羊"称"惹"。"拉萨"在藏语中为"圣地"或"佛地"之意，长期以来，拉萨就是西藏政治、经济、文化、宗教的中心。
>
> 在一般人的印象中，拉萨是由布达拉宫、八廓街（八角街）、大昭寺、色拉寺、哲蚌寺以及拉萨河构成的，但严格意义上的"拉萨"应是指大昭寺和围绕大昭寺而建立起来的八廓街，只有到了大昭寺和八廓街，才算到了真正的拉萨。如今的拉萨城东一带，还保持着古城拉萨的精髓。
>
> 踏着改革开放的春风，披着西部大开发的新装，以布达拉宫和八廓街为中心的拉萨新城巍巍矗立。纵目眺望拉萨城，邮电大楼、新闻大楼、拉萨饭店、西藏宾馆及各色建筑物星罗棋布，互为参错，连连绵绵，一片新辉。站在布达拉宫顶上俯瞰拉萨全城，整个拉萨市区到处是一片片掩映在绿树中的新式楼房，唯八廓街一带飘扬着经幡，荡漾着香烟。在这里，密布着颇具民族风格的房屋和街道，聚集着来自藏区各地的人们，他们中许多人仍然穿着本民族的传统服装，那仿佛从不离手的转经筒和念珠显然表明佛教实际上已成为一种生活方式。
>
> 拉萨北部正是藏北草原南沿，水草丰美，牧业兴旺，盛产牛羊肉类、酥油和牛绒、羊毛；中部是著名的拉萨河谷，南部属雅鲁藏布江中游，为西藏较好的农业区之一，盛产青稞、小麦、油菜籽和豆类，"拉萨一号"蚕豆更是享誉中外的良种。拉萨周围具有经济价值和医疗作用的地热温泉遍地，堆龙德庆县的曲桑温泉、墨竹工卡县的德中温泉享誉整个藏区。

家"。中国最大的咸水湖——青海湖就坐落在高原上，位于青海省境内，面积为4 456平方千米，比海平面高出3 175米，湖泊最深处达38米，此湖是由断层陷落积水而成的。世界上最高的湖泊——纳木湖也坐落于此，位于西藏自治区境内，面积约2 000平方千米，高出海平面4 650米。高原上的湖泊大都是内陆咸水湖，盛产食盐、硼砂、芒硝等矿物，还有些湖泊盛产鱼类。

在湖泊周围，山间盆地和向阳缓坡地带分布着大片翠绿的草地，再加上这里地势高，大部分地区热量不足，高于4 500米的地方最热月平均温度不足10℃，没有绝对的无霜期，因此各种谷物难以成熟。所以，青藏高原是我国仅次于内蒙古和新疆的重要牧区，饲养的牲畜主要以牦牛、藏绵羊、藏山羊为主。

海拔在4 200米以下的河谷可以种植作物，作物种类以青稞、小麦、豌豆、马铃薯、圆根、油菜等耐寒植物为主。高原的裂痕——雅鲁藏布江河谷纬度低，冬季无严寒，小麦可以安全越冬，加以光照条件好，春夏温度偏低，延长了小麦的生长期，因此小麦在这里可以获得非常高的产量，拉萨的冬小麦亩产就创造了1638斤的纪录。

◆ 追溯高原成长历程

青藏高原有确切证据的地质历史可以追溯到距今4—5亿年前的奥陶纪（地质学上对地球历史划分时用的名字）。其后，青藏地区各部分曾有过不同的地壳升降，或为海水淹没，或为陆地。到2.8亿年前（地质年代的早二叠世），现在的青藏高原是波涛汹涌的辽阔海洋。这片海域横贯现在欧亚大陆的南部地区，与北非、南欧、西亚和东南亚的海域沟通，称为"特提斯海"或"古地中海"。当时的特提斯海地区气候温暖，成为海洋动、植物发育繁盛的地域。古海洋

▲青藏高原俯瞰

的南北两侧是已被分裂开的原始古陆（也称泛大陆）。南边称冈瓦纳大陆，包括现在的南美洲、非洲、澳大利亚、南极洲和南亚次大陆；北边的大陆称为欧亚大陆，包括现在的欧洲、亚洲和北美洲。

2.4亿年前，由于板块运动，分离出来的印度板块以较快的速度向北移动、挤压，其北部发生了强烈的褶皱断裂和抬升，促使昆仑山和可可西里地区隆生为陆地，随着印度板块继续向北插入古海洋地壳下，并推动着海洋地壳不断发生断裂。青藏高原地区进入了一个活跃的地质成长期。约在2.1亿

▲布达拉宫

年前，特提斯海北部再次进入构造活跃期，北羌塘地区、喀喇昆仑山、唐古拉山、横断山脉纷纷脱离了海水的浸泡。到了距今8 000万年前，印度板块继续向北漂移，又一次引起了强烈的构造运动，冈底斯山、念青唐古拉山地区急剧上升，藏北地区和部分藏南地区也脱离海洋成为陆地。整个地势宽展舒缓，河流纵横，湖泊密布，其间有广阔的平原，气候湿润，丛林茂盛。高原的地貌格局基本形成。地质学上把这段高原崛起的构造运动称为喜马拉雅运动。

青藏高原的抬升过程不是匀速的运动，不是一次性的猛增，而是经历了几个不同的上升阶段。每次抬升都使高原地貌得以演进。

距今一万年前，高原抬升速度更快，以平均每年7厘米速度上升，使之成为当今地球上的"世界屋脊"。

青藏高原是世界上最年轻的一个高原，今天的青藏高原，中部地区以风化侵蚀为主，边缘地区仍在不断地上升着。

◆ 触摸雪域冻土

多年冻土层覆盖着青藏高原绝大部分的表面。这些结实的冻土层是怎么形成的呢？

珍藏中国 中国的地形

　　青藏高原上的山地、盆地、谷地、高平原相间的地貌格局，再加上各地理区域中地质、地理条件组合不同，使得高原表面多年冻土的形成、发展出现了明显的地域差别。在同一气候条件下，高原上的山地因其海拔高于盆地、谷地和高平原，温度会比其他地方低很多，再加上地势高耸有利于热量散失，以及岩石裸露具有较大热导率等原因，山地内形成的多年冻土层温度较低，厚度较大；反之，高平原、盆地、谷地等地区由于地势较低，气温相对较高，加上形成时间较晚，以及地表水、地下水影响等，故而高平原、盆地、谷地形成了温度高、厚度薄的多年冻土层。

　　青藏高原既高又大，不仅决定着高原多年冻土分布温度、厚度具有垂直分带性，还使冻土层具有明显的纬向变化规律。青藏公路可视为纵贯青藏高原南北的剖面，其上的冻土分布及南、北冻土下界变化也反映了上述规律。此外，巨大的高原及其东西部地势和气候的差异，也会带来多年冻土在经向上的变化。

◆聆听宗教盛会

　　藏族节日文化是中华民族争奇斗艳的民俗文化中的一朵耀目之花，是藏族社会历史的一面镜子，又是一幅恢宏壮观的藏族风俗画卷。其中的传昭大法会是西藏最大的宗教节日。每到这个时候，拉萨哲蚌寺、色拉寺、甘丹寺三大寺的僧人都会集中到拉萨大昭寺。这个大法会是藏传佛教格鲁派的创始人宗喀巴大师于1409年在拉萨举行的祈祷大会而延续下来的。在举办法会的同时还举行格西学位考试，西藏其他地方的佛教信仰者也前来朝佛。随着时

▼高原冻土

间的前进，大法会的规模不断地扩大和丰富，最终，祈愿大法会变成了藏传佛教中一个固定的宗教节日。如今，这一节日的规模丝毫不亚于刚创立之时。

除了最大的传昭大法会外，拉萨著名的宗教节日还有牛王会、酥油花灯节、萨噶达瓦节、沐浴节、雪顿节和赛马节。丰富多彩的传统节日不但丰富了西藏人民的物质世界和精神生活，也吸引着全世界的游客到此一游。

◆畅游高原圣殿——布达拉宫

布达拉宫号称"世界屋脊上的明珠"，屹立在拉萨市区西北的红山上，海拔3 750米以上。它始建于公元7世纪松赞干布时期，主要是为了迎娶文成公主，17世纪五世达赖喇嘛时期重建后，成为历代达赖喇嘛的住息地和政教合一的中心。整座宫殿建筑有13层，高110米，依山而建，群楼重叠，殿宇嵯峨，气势雄伟，具有横空出世、气贯苍穹之势。坚实墩厚的花岗石墙体，松茸平展的白玛草墙领，金碧辉煌的金顶，具有强烈装饰效果的巨大鎏金宝瓶、幢和经幡，交相辉映，红、白、黄三种色彩的鲜明对比，分部合筑、层层套接的建筑型体，都体现了藏族古建筑迷人的特色。

古老的布达拉宫不仅以建筑宏伟而著称，还以珍贵的文物而闻名，是藏族古代建筑艺术的精华，也是西藏的艺术宝库。这里有2 500余平方米的壁画、近千座佛塔、上万座塑像、上万幅唐卡（卷轴画）；还有贝叶经、甘珠尔经等珍贵经文典集；表明历史上西藏地方政府与中央政府关系的明清两代皇帝封赐达赖喇嘛的金册、金印、玉印以及大量的金银品、瓷器、珐琅、玉器、锦缎品及工艺品，这些文物绚丽多彩、题材丰富。

今天，人们眼中的布达拉宫，不论是其石木交错的建筑方式，还是宫殿本身所蕴藏的文化内涵，都能体现出它的独特性。布达拉宫似乎总能让到过这里的人留有深刻的印象。统一花岗石的墙身、木制屋顶及窗檐的外翘起设计，全部的铜瓦鎏金装饰，以及由经幢、宝瓶、摩羯鱼、金翅鸟做脊饰的点缀……这一切完美配合使整座宫殿显得富丽堂皇。

独特的布达拉宫同时又是神圣的。因为在今天的中国，每当提及它时都会很自然地联想起西藏。俨然在人们心中，这座凝结藏族劳动人民智慧又见证汉藏文化交流的古建筑群，以其辉煌的雄姿和藏传佛教圣地的地位成为藏民族的象征。

瀚海——内蒙古高原

内蒙古高原又称北部高原。高原上既没有青藏高原的雪山，也没有云贵高原上的峡谷，其地势起伏微缓，是一个可千里驰骋的高平原，主要由呼伦贝尔高原、阿拉善高原、鄂尔多斯高原、锡林郭勒高原等构成，阴山横亘中部，山南有河套平原、呼和浩特盆地等断陷平原和盆地。内蒙古高原的各大组成部分又各有特色，下面让我们逐个品读，领略草原上的万种风情。

▲内蒙古高原

首先走进内蒙古高原东北部的呼伦贝尔高原，其地形四周高、中部低，外缘山地环抱，为起伏不大、山顶浑圆、山坡平缓的丘陵地，海拔在800米~900米之间。中部地势低平，海拔500米~700米，湖泊众多，呼伦湖附近海拔540米以下，是本区最低部分，湖中鱼类资源丰富。较大河流有海拉尔河、乌尔逊河等，曲流发育，河中沙滩与牛轭湖很多，湿地、沼泽广布。草原广阔，牧草丰美，是著名的三河牛、三河马产地。

其次走进内蒙古高原西部的阿拉善高原，西起马鬃山，东至贺兰山，南界合黎山、龙首山，北至中国和蒙古的国界，海拔多在1 000~1 500米，北部降至900米左右，最低处居延海附近为820米。流沙、戈壁广布，是干旱荒漠高原，有巴丹吉林沙漠、腾格里沙漠等。

> **知识链接**
>
> 内蒙古高原横贯中国内蒙古自治区，位于大兴安岭以西，阴山及北山以北，马鬃山以东，北抵蒙古，是中国的第二大高原。内蒙古高原在海拔1 000~1 500米之间，开阔坦荡，地面起伏和缓，微向北部倾斜。从飞机上俯视高原就像烟波浩瀚的大海，古人称之为"瀚海"。高原上既有碧野千里的草原，也有沙浪滚滚的沙漠，是中国天然牧场和沙漠分布地区之一。

接着走进内蒙古高原南部的鄂尔多斯高原，海拔1 100米～1 500米左右，从西北向东南微微倾斜，地面起伏和缓。黄河三面环绕，高原上河流稀少，盐碱湖众多，风沙地貌发育，无流区与内陆区面积很大，地下水储量丰富，便于开采。东部多草原，西部、北部和南部多沙漠。西北部有库布齐沙漠，南部有毛乌素沙漠。

阴山以北、大兴安岭以西、集二线以东的锡林郭勒高原，海拔大部分在900米～1 300米之间，区内自然环境差异较大，东北部降水量较多，内陆水系较密，流水的侵蚀与堆积作用较活跃，有很多湖泊与湿地；中部为高原和熔岩台地，其中以阿巴嘎火山玄武岩台地最大，台地上火山锥分布广泛，总计200多座，海拔多在1 100米～1 250米之间，相对高度40米～100米，呈现岗阜浑圆的丘陵状。丘陵中宽广的干谷甚多，并有古河床遗迹。东南部为小腾格里（浑善达克）沙地。

在阴山与中蒙边境之间、集二线以西的乌兰察布高原，海拔多在900米～1500米之间，地面宽阔平坦，由五级高度不等的垣面构成，主要由第三纪砂岩、沙砾岩和泥岩组成。由于河流的切割，高原上形成许多南北或北

▲ 藏绵羊

东向的洼地，切割深度一般在30米～60米，是地下水储积和埋深较浅、易于开采的地区，多为牲畜放牧的集中地带。

最后，让我们走进塞上粮仓。黄河流经内蒙古高原中部的这一段，有的地方河谷紧缩，成为峡谷；有的地方河谷宽展，泥沙堆积

▲三河马

成肥沃的冲积平原，这就是著名的河套平原。河套平原自古就有"塞上江南"之称，这里地势平坦，土质较好，素有"黄河百害，唯富一套"之说。这主要归功于伟大的劳动人民，他们在这里修建渠道，引黄河水灌溉农田，造就了一片塞上江南美景。

◆ 追寻高原成因

如此开阔平坦、水草丰美的内蒙古高原，到底是如何形成的呢？

内蒙古高原是一个向北渐降的碟形高原。它是在近代地质历史时期里，地壳不断抬升形成的。在上升的过程中，一方面整个地块发生和缓的拗曲，形成平缓的丘陵和宽浅的盆地；另一方面东部和南部微微翘起，翘得最高的地方便形成山地，镶嵌在高原东部边缘的大兴安岭和中部的阴山山脉就是这样形成的。高原面上有宽浅的大盆地，如呼伦贝尔盆地、二连盆地和居延盆地等。这些盆地内的地势极为平坦，从盆地边缘到中心，几百千米的路程，高度上仅仅相差二三百米。它们在地形类型上属堆积剥蚀高平原。此外，在草地被破坏的山足和高原中部，往往形成基岩出露的砾石"戈壁"；在流沙积聚的西部又可形成大片的"沙漠"。因此，戈壁和沙漠也是内蒙古高原显著的地貌特色。

▲三河牛

◆品读高原气候与水文

位于我国北方的内蒙古高原，又有着怎样的气候特征呢？

内蒙古高原的气候十分干燥，夏季风弱，冬季风强，年降水量分布东多西少，介于150毫米～400毫米之间。高原上的沙漠分布面积占到了全国沙漠总面积的37.8%。内蒙古高原风能资源非常丰富，年平均风速4米～6米/秒，从东向西增大。每年，8级以上大风日数50～90天，冬春两季占全年大风日数的60%左右。每当风速达到6米～7米/秒时，就会发生明显的起沙。高原西部，每年的沙暴日数达到10～25天。这种大风气候对牧业生产非常不利，但却为高原带来了重要的动力资源。此外，内蒙古高原光热资源也相当丰富，每年的日照长达2 600小时～3 200小时，是全国日照时数最为丰富地区之一。

> **知识链接**
>
> 内蒙古高原是我国最大的天然牧场。由西向东，随着降水量的逐渐增多，牧草也长得越来越好。气候比较湿润的呼伦贝尔和锡林郭勒草原，牧草特别肥美，这里出产的三河马、三河牛和内蒙古绵羊等良种牲畜驰名国内外。

▼内蒙古大兴安岭森林草原

内蒙古高原上没有较大的河流，无流范围广大。一条条内陆河顺着碟形的洼地发育，它们大多是间歇河，春季成干谷，雨季有洪流。有些河流中途就会突然消失，成为无尾河。较大河流的末端往往形成尾闾湖。除尾闾湖外，高原上还有风蚀湖、河迹湖和构造湖等。内蒙古高原是中国湖泊较多的地区之一，常年有水的湖泊大多湖水浅，面积小，或者干脆就是雨季湖。面积在500平方千米以上的湖泊仅有达赉湖和贝尔湖（中蒙两国共有）。额吉诺尔湖则是著名的盐湖。

◆踏访高原土壤与植被

内蒙古高原上美丽的草原有着什么样的秘密呢？高原上除了草地和沙地之外，还有怎样的植被呢？

内蒙古高原的东部边缘属森林草原黑钙土地带，东部广大地区为典型草原栗钙土地带，西部地区为荒漠草原棕钙土地带，最西端已进入荒漠漠钙土地带。

内蒙古高原是中国重要的牧场，草原面积约占高原面积的80%，属欧亚温带草原区的一部分。植物种类以多年旱生中温带草本植物占优势，最主要为丛生禾草，其次为根茎禾草，杂类草及旱生小灌木和小半灌木成分。高原上草群的组成、高度、覆盖度、产量和营养成分也呈东西向变化。森林草原带的牧草高大茂密，种类多，草层高度50厘米～60厘米，覆盖度65%～80%，以杂类草为主，富含碳水化合物，每公顷产鲜草3 000～4 500千克，适宜饲养牛和马。典型草原带的牧草高度在30厘米～40厘米，覆盖度35%～45%，以禾本科牧草占优势，蛋白质含量显著增高，每公顷产鲜草1 500～3 000千克，是中国最大的绵羊及山羊放牧区。荒漠草原带的牧草低矮、稀疏，草层高10厘米～15厘米，覆盖度15%～25%，种类贫乏，旱生、丛生小禾草和旱生小半灌木起建群

▲内蒙古高原天然牧场

作用，但脂肪和蛋白质的含量高，每公顷产鲜草750～1 500千克，适于放羊，且以山羊最多。荒漠带以小半灌木占绝对优势，草层高度15厘米～50厘米，覆盖度一般5%～10%，牧草质量差，含灰分高，具有带刺含盐的特点，每公顷产鲜草750千克以下，是骆驼主要产区之一。

◆ 富饶的北疆高原

在内蒙古辽阔富饶的土地上，有茂密的森林、丰美的草场、肥沃的农田、广阔的水面、众多的野生动植物和无穷无尽的矿藏资源。据估算，全区近300个大小城镇国有土地资源产量在2 000亿元以上，全区矿产储量潜在价值（不含石油、天然气）达13万亿元，居全国第三位。

▲成吉思汗

内蒙古高原不仅有丰富的矿产资源，还是全国重要的畜牧业生产基地。天然草场辽阔而宽广，草原总面积达86.67万平方千米，居全国五大草原之首，其中可利用草场面积达68万平方千米，占全国草场总面积的1/4。内蒙古现有呼伦贝尔、锡林郭勒、科尔沁、乌兰察布、鄂尔多斯和乌拉特6个著名大草原，生长有1 000多种饲用植物，饲用价值高、适口性强的有100多种，尤其是羊草、羊茅、冰草、披碱草、野燕麦等禾本和豆科牧草非常适于饲养牲畜。

从草原的类型上来看，内蒙古东北部的草甸草原土质肥沃，降水充裕，牧草种类繁多，具有优质高产的特点，适宜于饲养大畜，特别是养牛；中部和南部的干旱草原降水较为充足，牧草种类、密度和产量虽不如草甸草原，但牧草富有营养，适于饲养马、牛、羊等各种牲畜，特别宜于养羊；阴山北部和鄂尔多斯高原西部的荒漠草原，气候干燥，牧草种类贫乏，产草量低，但牧草的脂肪和蛋白质含量高，是小畜的优良放牧场地；西部的荒漠草场很适合发展骆驼。其中三河马、三河牛、草原红牛、乌珠穆沁肥尾羊、敖汉细毛羊、鄂尔多斯细毛羊、阿尔巴斯绒山羊等优良畜种在区内外闻名遐迩。

内蒙古高原除了有广阔的草原，耕地面积也相当广阔，人均耕地为3.6亩，居全国首位，是全国人均耕地的三倍，农业区主要分布在大兴安岭和阴山山脉以东和以南。河套、土默川、西辽河、嫩江西岸平原和广大的丘陵地区，有适于农作物生长的黑土、黑钙土、栗钙土等多样性土壤地带和可利用的地上地下资源，从而形成自治区乃至中国北方的重要粮仓。内蒙古农作物多达25类10 266个品种，主要品种有小麦、玉米、水稻、谷子、莜麦、高粱、大豆、马铃薯、甜菜、胡麻、向日葵、蓖麻、蜜瓜、黑白瓜子等许多独具内蒙古特色的品种，其中莜麦、荞麦、华莱士瓜颇具盛名。此外，内蒙古高原还有发展苹果、梨、杏、山楂、海棠、海红果等耐寒耐旱水果的良好条件。

总之，内蒙古高原有着丰富的自然资源，是我国物产最丰富的地区之一。

◆ 讲述青城的故事

内蒙古自治区的呼和浩特市的名字读起来有些拗口，然而，大家知道吗？呼和浩特不仅是一座美丽的草原城市，更是一座有传说的历史名城。

呼和浩特为蒙古语，翻译成汉语为"青色的城市"，即青城，也称"呼

▲忽必烈

市"。这座城市,和蒙古族历史上一位著名的英雄有着无法分割的联系。

在蒙古民族历史上,除成吉思汗、忽必烈等顶天立地、威震四方的英雄外,还有一位文武兼备、运筹帷幄、称雄蒙古草原30余年的巾帼英雄。她就是明代蒙古右翼土默特部女首领三娘子。

三娘子是一位民族英雄。她不仅容貌非凡,性格豪放不羁,擅长歌舞骑射,而且具有卓越的政治远见和军事指挥才能。她所处的年代,正是明朝与蒙古族战争频繁的时代。三娘子执掌军政实权达三十年,始终坚持和平互利的政治原则,既粉碎了明朝的经济封锁,又使蒙古各部统一起来,因此,她在蒙古草原上享有极高的威望,受到蒙汉人民的敬重。三娘子收纳并重用汉人,引进中原地区先进的农业、手工业,促进了本民族经济文化的发展。

三娘子又是一个维护民族团结的巾帼英雄。她维护民族利益,处处顾全大局,妥善处理了许多边事纠纷。1585年的青海之乱,十万蒙军既与当地土著居民发生冲突,又与明军发生冲突,三娘子临危不惧解除了战争危机,恢复了和平安定的局面。1581年,三娘子亲自主持监修了呼和浩特城,它使土默特部由"逐水草而迁徙"进而定居下来。这是三娘子对蒙古社会的又一贡献。

人们对三娘子的怀念是长久而深沉的。美岱召的"太后庙"(即三娘子庙)每年农历正月初三设供祭祀,这种纪念活动,一直延续到1933年。在民间,直到今天,人们还在追忆、传颂她的许多生动逸闻,怀念她的英雄业绩。

作为封建时代的女性,三娘子以难以想象的毅力,坚定地执行了俺答汗的各项政策,使俺答汗的事业得以延续,维护了土默特部的统一和繁荣。她主政的三十多年,是明代蒙古最为安定的三十多年,是长期战乱后人民安居乐业、休养生息的宝贵的三十多年。正因为如此,她的名字、她的业绩在蒙、藏、汉各民族中久久传诵,人们敬仰她,怀念她。

> **知识链接**
>
> 三娘子是我国历史上蒙古民族的一位有远见的女政治家,也是呼和浩特古城的创建者。三娘子名叫钟金,是明代漠南蒙古土默特部首领、杰出的政治家阿勒坦汗的妻子。她生于1550年,卒于1612年。

珍藏中国 中国的地形

世界最大的黄土质高原——黄土高原

如果说黄河是中华民族的母亲,那么黄土高原就是中华民族的父亲。黄土高原像一位中国传统家庭中的父亲,他高高在上,平时默不作声,就像不存在一般。但他却用水土俱下的方式影响着黄河母亲,行使着丈夫和父亲的职责。当他忍无可忍,沉下脸来的时候,正是黄河母亲用洪水作长鞭教训儿女之日。

黄土高原是世界最大的黄土质高原。它东起太行山,西至乌鞘岭,南连秦岭,北抵长城,主要包括山西、陕西两省的全部,以及甘肃、青海、宁夏、河南等省的部分地区。黄土高原平均海拔在1 500米~2 000米之间,面积约40万平方千米,占到了世界黄土分布的70%。除少数石质山地外,高原上覆盖着深厚的黄土层,黄土厚度在50~80米之间,

▲黄土高原

最厚的地方达到150~180米。高原上的黄土颗粒细,土质松软,含有丰富的矿物质养分,利于耕作。这里的盆地和河谷地区农垦历史悠久,是中华民族文化的摇篮。但是,由于植被稀疏,气候较干旱,加以夏雨集中,且多暴雨,在长期流水侵蚀下,黄土高原的地面被分割得非常破碎,形成沟壑交错的塬、梁、峁等特有的地形。

黄土高原的矿产资源丰富,煤、石油、铝土储量大,其中煤炭资源还有较好的开采条件,可供露天开采的煤矿储量达200亿吨。全国探明储量的特大型煤田,约有一半分布在这里。山西省是我国最大的煤炭基地。陕西榆林市以其丰富的能源矿产资源,被美誉为中国的"科威特",是正在建设的国家能源重化工基地,最终实现科技融入资源型的中国"能源硅谷"。黄土高原

地区地理位置适中，作为全国的能源基地，正源源不断地向全国提供煤炭和电力，人们形象地称它为全国的"锅炉房"。然而黄土高原上的平坦耕地不到1/10，绝大部分耕地分布在10°～35°的斜坡上。地块狭小分散，不利于水利化和机械化。水土流失严重，黄河每年经陕县下洩的泥沙约16亿吨，其中90％来自黄土高原，随泥沙流失的氮磷钾养分约3 000余万吨。

综合治理黄土高原是中国改造自然工程中的重点项目，治理方针是以水土保持为中心，改土与治水相结合，治坡与治沟相结合，工程措施与生物措施相结合，实行农林牧综合发展，这种治理措施已取得重大成绩。

> **知识链接**
>
> 黄土塬、梁、峁地形，是今天黄土高原基本的地貌类型。山、原、川三大地貌类型，则是黄土高原的主体。这些名字，指的分别是什么样的地形呢？
>
> 耸峙在高原上的石质山地，如同黄土海洋中的孤岛。代表性的山地有六盘山，陇中高原上的屈吴山、华家岭、马衔山，陇东陕北高原上的子午岭、白于山、黄龙山等。
>
> 原（或塬）是指平坦的黄土高原地面，著名的有甘肃东部的董志塬、陕西北部的洛川塬。塬面宽阔，适于机械化耕作，是重要的农业区。但是塬易受流水侵蚀，沟谷发育，分割出长条状塬地，成为山梁，称为"梁"地。如果梁地再被沟谷切割分散孤立，形状有如馒头状的山丘，当地称为"峁"。由"梁"和"峁"组成的黄土丘陵，高出附近沟底大都在100～200米左右，水土流失严重，是黄河泥沙来源区。在梁峁地区，地下水出露，汇成小河，河水带来的泥沙在这里沉积，在两岸形成小片平原，称它为"川"。川是深切在塬面下的河谷平原。川两旁还有阶地，即"掌"、"杖"地。掌是川地上塬的盆地状平原，与条状分布的杖地不同。

◆ 北风送土成高原

如此大的一片由黄土堆积成的高原，到底是如何形成的呢？这么多的黄土，又是从什么地方来的呢？

关于黄土的来源，长期以来，中外学者有过不同的争论。其中，以"风成说"比较令人信服。

这种说法认为，高原上的黄土来自北部和西北部的甘肃、宁夏和蒙古高原以及中亚等广大干旱沙漠区。这些地区的岩石,白天受热膨胀,夜晚冷却收缩,逐渐被风化成大小不等的石块、沙子和黏土。同时,这些地区每逢西北风盛行的冬春季节,就会狂风骤起,飞沙走石,尘土蔽日。大风过后,粗大的石块残留在原地,成为"戈壁";较细的沙粒落在附近地区,聚成片片沙漠,细小的粉沙和黏土,纷纷向东南飞扬,当风力减弱或受秦岭山地的阻拦便积累下来。最终,经过几十万年的堆积,就形成了浩瀚的黄土高原。

根据黄土堆积环境的不同,科学家将黄土高原的发育分为三个时期:早更新世,相当于第一次冰期,气候比新第三纪干寒,发生午城黄土堆积;中更新世,发生第二次冰期,气候进一步变干,堆积了离石黄土,范围广、土层厚;晚更新世第三次冰期,气候更加干寒,堆积了马兰黄土,厚度虽小,但分布范围更广,南方称下蜀黄土。进入全新世,气候转为暖湿,疏松的黄土层,经流水侵蚀,形成了沟壑纵横、梁峁广布的破碎地表。

另外,黄土高原的形成和青藏高原的隆升也有关系。青藏高原的隆起加快了侵蚀和风化的速度,在高原周围的低洼地区堆积了大量卵石、沙子和更细的颗粒。每当大风骤起,在西部地区便形成飞沙走石、尘土弥漫的景象。

▲北风送土成高原

被卷起的沙和尘土依次沉降,颗粒细小的粉尘最后降落到黄土高原区域,形成了一条荒凉地带。

印度板块向北移动与亚欧板块碰撞之后,印度大陆的地壳插入亚洲大陆的地壳之下,并把后者顶托起来。从而喜马拉雅地区的浅海消失了,喜马拉雅山开始形成并渐升渐高,青藏高原也在印度板块的挤压作用下隆升起来。

东西走向的喜马拉雅山挡住了印度洋暖湿气团的向北移动,久而久之,中国的西北部地区越来越干旱,渐渐形成了大面积的沙漠和戈壁。这里就是堆积起了黄土高原的那些沙尘的发源地。体积巨大的青藏高原正好耸立在北半球的西风带中,240万年以来,它的高度不断增长着。青藏高原的宽度约占西风带的三分之一,把西风带的近地面层分为南北两支。南支沿喜马拉雅山南侧向东流动;北支从青藏高原的东北边缘开始向东流动,这支高空气流常年存在于3 500米~7 000米的高空,成为搬运沙尘的主要动力。与此同时,由于青藏高原隆起,东亚季风也被加强了,从西北吹向东南的冬季风与西风急流一起,在中国北方制造了一个黄土高原。

如此广阔的黄土高原,可以分为多少个小区域呢?

地质学家们根据地貌的形成过程和特点,把黄土高原分为陇中高原、陇东、陕北高原、山西高原和渭河平原四个部分。

陇中高原,一称陇西高原,位于六盘山以西,是一个新生代的凹陷盆地,属盆地型高原,海拔1 500米~2 000米。地形破碎,多梁、峁、沟谷、垄板地形。

陇东、陕北高原,包括六盘山以东,吕梁山以西,渭河北山以北,长城以南的地区。也是一个盆地型高原,海拔800~1 200米。经强烈侵蚀,除少数残留的黄土塬(董志塬、洛川塬)外,大部地区已成为破碎的梁峁丘陵。其间只有少数基岩低山突起在高原之上,状似孤岛。

山西高原,包括五台山、恒山以南,伏牛山以北,太行山以西,吕梁山以东的地区。它由一系列褶皱断块山与陷落盆地组成。山地有吕梁、恒山、五台、中条及太行等山,盆地有大同、忻县、太原、临汾、运城等。除河谷平原外,大部地区海拔在1 000米~1 500米,石质山地构成高原的主体,黄土堆积仅限于盆地及山间谷地,分布范围约占全部面积的40%。

渭河平原，一称关中平原，位于渭河北山与秦岭之间。

◆观摩"绿色万里长城"——三北防护林

黄土高原面积广阔、雄伟壮观。可是，形成黄土高原的大风直到今天还在不停地把沙尘搬运到我们居住的地方来。由于人类的活动破坏了环境，北方的风沙活动越来越严重。面对这样的情况，人们开始从恢复环境和植被入手，抵抗风沙。"三北防护林"工程就是这一行动的代表性工程。

三北防护林体系工程地跨东北西部、华北北部和西北大部分地区，包括我国北方13个省（自治区、直辖市）的551个县（旗、市、区），建设范围东起黑龙江省的宾县，西至新疆维吾尔自治区乌孜别里山口，东西长4 480千米，南北宽560千米～1 460千米，总面积406.9万平方千米，占国土面积的42.4%，接近我国的半壁河山。它是我国林业发展史上的一大壮举，开创了我国林业生态工程建设的先河。

▲三北防护林

这片土地在历史上曾是森林茂密、草原肥美的富庶之地，由于种种人为和自然力的作用，使这里的植被遭到破坏，土地沙漠化、水土流失十分严重。区域内分布着八大沙漠、四大沙地，沙漠、戈壁和沙漠化土地总面积达149万平方千米，从新疆一直延伸到黑龙江，形成了一条万里风沙线。在黄土高原，水土流失面积占这一地区总面积的90%。在黄河下游的有些地段河床高出堤外地面3～5米，成为地上"悬河"。大部分地区年均降水量在400毫米以下，形成了"十年九旱，不旱则涝"的气候特点。风沙危害、水土流失和干旱所带来的生态危害严重制约着三北地区的经济和社会发展，使各族人民长期处于贫困落后的境地，同时也构成对中华民族生存发展的严峻挑战。

加大三北防护林的建设，加大植被的覆盖面积和覆盖率，改善天然草场的植被，压缩农业用地，尤其对于这个土质比较疏松的黄土高原来说，提高森林覆盖率才能比较有效地防止水土流失，才能从根本上推动三北地区的经济发展。

◆曾经的秀美山川——历史上的黄土高原

黄土高原，在中华民族发展历史上曾居重要地位，被认为是中华民族的发祥地。

> **知识链接**
>
> "绿色万里长城"工程是一项利在当代、功在千秋的宏伟工程，不仅是中国生态环境建设的重大工程，也是全球生态环境建设的重要组成部分。其建设规模之大、速度之快、效益之高均超过美国的"罗斯福大草原林业工程"和北非五国的"绿色坝工程"，在国际上被誉为"中国的绿色长城"、"世界生态工程之最"。随着工程的发展，三北防护林体系建设定会以新的成就奏响绿色之歌，为人类生存与发展做出巨大的贡献，向整个世界展示中华民族改造自然的宏伟气魄。

▲ 曾经的黄土高原

中国的地形

黄土高原早在六七千年前，这一地区就出现了仰韶文化，发展了以彩陶为特点的光辉的彩陶文化。传说的中华民族的先祖——黄帝，就生活在黄土高原（今陕西的黄陵县）。历史上的夏、周、秦、汉和唐代，都把都城建在黄土高原上，在这片土地上发展了灿烂的古代文明。

黄土高原作为中华民族的发祥地不是偶然的。古时候，这里有较好的自然环境。古代文献记载和考古发现的事实表明，古代黄土高原自然环境比今天要好得多。山地上生长着茂密的森林，树木既有松柏等针叶树，也有多种阔叶树大乔木，在沟谷中生长着由阔叶树形成的茂密森林。而在由厚层黄土堆积而成的黄土高原和黄土丘陵沟壑地上，既生长着大乔木，也生长小乔木以及种类很多的灌木。灌木成片连丛生长。还有面积很广大的天然草地，草本植物很茂盛。

在这样的生态环境中，栖息着多种草食动物，有成群的野鹿、野羊，数

知识链接

秦始皇兵马俑博物馆坐落在距西安37千米的临潼区城东，南倚骊山，北临渭水，气势宏伟，是中国最大的古代军事博物馆。目前发现的三个大型兵马俑坑成"品字"形，总面积达22 780平方米，坑内置放与真人马一般大小的陶俑陶马共约7 400余件。三个坑分别定名为一、二、三号兵马俑坑。

一号坑最大，坑深5米，面积14 260平方米，坑内有6 000余陶人陶马，井然有序地排列成环形方阵。坑东端有三列横排武士俑，手执弓弩类远射兵器，似为前锋部队，其后是6 000铠甲俑组成的主体部队，手执矛、戈、戟等长兵器，同35乘驷马战车在11个过洞里排列成38路纵队。南北两翼为后卫部队。

二号兵马俑坑平面呈曲尺形，面积6 000平方米，是一坐西朝东，由骑兵、步兵、弩兵和战车混合编组的大型军阵。大致可分为弩兵俑方阵，驷马战车方阵，车步、骑兵俑混合长方阵，骑兵俑方阵四个相对独立的单元，共有陶俑陶马1 300余件，战车80多辆，并有大量金属兵器。

三号兵马俑坑平面呈凹字形，面积约520平方米，它与一、二号坑是一个有机的整体，似为统领三军的指挥部，出土68个陶俑和4马1车。

秦始皇兵马俑在中国乃至世界都极具影响力，体现了我国古代人民的智慧，他们就像璀璨的明珠闪耀在祖国的黄土高原上。

不清的野兔，还有虎、豹、熊等大型食肉动物。这种自然条件为我们的祖先的生存提供了丰富的食物来源和生存环境。

那时，土壤侵蚀的程度很轻。许多河流（包括黄河）含沙量比今天少得多。古代的黄土高原上许多河流被称为清河，这里的湖泊曾经也很多。在今天的西安地区和关中平原，因湖泊很多，周代到汉代期间，白天鹅、野鸭等飞禽在众多湖沼中栖息，成为关中地区的一大景观。

◆走访古城——西安

古城西安，是中国古代最重要的都城之一，也是黄土高原上最具代表性的城市。

历史上，西安以"长安"命名最为常见和著名，是举世瞩目的世界四大文明古都（西安、开罗、罗马、雅典）之一，居中国八大古都之首（西安、洛阳、南京、北京、开封、杭州、安阳、郑州）。这个被誉为"金城千里，天府之国"的地方，是中华民族的主要发祥地。

西安这一带是中华民族始祖黄帝和炎帝的起源地，他们带领着他们的

▲西安钟楼鼓楼夜景

▲ 秦始皇兵马俑

子孙创造了上古时代几乎所有的发明。从轩辕黄帝在这里铸鼎，分华夏为九州，到中华农耕文明的始祖后稷在这里教先民从事农业生产；从中华文字文明的始祖仓颉在这里发明文字，到周文王演作《周易》、周武王分封天下、周公旦制定礼乐制度，这片土地上孕育并奠基了中华民族灿烂悠久的文明，造就了中国历史上的首善之都。以世代传承的雍容儒雅、满腹经纶、博学智慧、大气恢弘，成为中国历史的底片、中国文化的名片，也使西安成为极少数令外国人心怀景仰的伟大城市。

今天的西安是西北地区工业、商业、金融的中心，黄河流域以及新欧亚大陆桥中国段最大的中心城市，同时还是中国中西部地区最大最重要的科研、高等教育、国防科技工业和高新技术产业基地，是中国西部地区科技实力最强，工业门类最齐全的特大型中心城市之一。目前更致力于打造"西三角"，即成都、重庆、西安经济区，西安将成为现代化国际大都市。

喀斯特地貌——云贵高原

"鸡蛋用草串着卖，摘下斗笠当锅盖，三只蚊子一盘菜，火车没有汽车快，大理粑粑叫饵块，山洞能与仙境赛，四季服装同穿戴，蚂蚱能做下酒菜，姑娘被叫做老太，和尚可以谈恋爱，老太爬山比猴快，新鞋后面补一块，火筒能当水烟袋，脚趾常年都在外，娃娃全由男人带，花生蚕豆数堆卖，这边下雨那边晒，四个竹鼠一麻袋。"这就是闻名遐迩的"云南十八怪"。

▲云贵高原梯田

云贵高原的地貌可以大致分为三级地形面：山原、盆地和峡谷。高原上最高的一级是山原，以贵州西部最明显。高原面因长期受河流切割而呈山原形态。在这个高原面下，分布着一些盆地（坝子），最大的是贵阳盆地，是高原上的主要农耕地带。峡谷是河流长期下切形成的，如乌江河谷深达300～500米。在这里"对山唤得应，走路要一天"。就是说两个人面对面在山上可以互相说话，想见面却需要走一天的时间。足见云贵高原地形的复杂。

云贵高原大致以乌蒙山为界分为云南高原和贵州高原两部分。云南高原年均气温15℃～18℃，各地气温年较差在12℃～16℃，冬暖夏凉，有"四季如春"的美誉。山区的日温差通常在12℃～20℃，局部地方可高达25℃。同时，气温的垂直变化明显，故又有"一天有四季"、"一山有四季"的说法。

珍藏中国 中国的地形

▲ 喀斯特石林

知识链接

云贵高原是位于我国西南部高原，包括云南省东部，贵州省全省，广西壮族自治区西北部和四川、湖北、湖南等省边境，是我国南北走向和东北－西南走向两组山脉的交汇处，地势西北高，东南低，海拔1 000～2 000米，雨量充足，有"天无三日晴"的说法。云贵高原是中国的第四大高原。

高原内部的河流多数均从中部向南北分流，分别注入长江和珠江水系。前者如龙川江、普渡河、小江和牛栏江等，后者有南盘江及其支流甸河、曲江、泸江等。河流切入高原内部，形成一些深切峡谷，落差大，水力资源富集。高原内有大小湖泊近40个，湖水面积约0.71平方千米，集水面积约9 000多平方千米。云南高原上的山地顶部多呈宽广平坦地面，是云南省的工农业重心所在，也是云南境内彝、壮、瑶、苗等民族的主要分布区。

贵州高原起伏较大，山脉较多，高原面保留不多，称为"山原"，海拔在1 000米~1 500米之间。贵州高原受青藏高原隆起的影响，造成高原内出现了断块山地和断陷盆地，并使高原面发生显著变形，再加上河流的溯源侵蚀和下切强烈，加深了原有河谷，形成新的峡谷系统，山岭纵横，地表崎岖，素有"地无三里平"之说。石灰岩山地发育喀斯特地貌广泛分布于此，是中国洞穴瀑布旅游资源最集中、最壮观地区。此外，这里的矿产资源比较丰富，也是苗族、布依族及侗族、水族主要分布区。

> **知识链接**
>
> 喀斯特地貌，是对由具有溶蚀力的水对可溶性的岩石（例如石灰岩，主要成分是碳酸钙）进行溶蚀等作用后，所形成的地表和地下形态的总称，又称岩溶地貌。云贵高原的最大的特色之一就是喀斯特地貌。高原上石灰岩厚度大，分布广，经地表和地下水溶蚀作用，形成落水洞、漏斗、圆洼地、伏流、岩洞、峡谷、天生桥、盆地等地貌。云贵高原是世界上喀斯特地貌发育最完美、最典型的地区之一。

◆穿梭在美丽的喀斯特地貌上

喀斯特地区有许多不利于生产的因素需要克服和预防，也有大量有利于生产的因素可以开发利用。喀斯特矿泉、温泉富含有益元素和气体，有医疗价值。喀斯特洞穴和古喀斯特面上各种沉积矿产较为丰富，古喀斯特潜山是良好的储油气构造。喀斯特地区的奇峰异洞、明暗相间的河流、清澈的喀斯特泉等都是很好的旅游资源。

除我国外，越南北部、南斯拉夫狄那里克阿尔卑斯山区、意大利和奥地利交界的阿尔卑斯山区、法国中央高原、俄罗斯乌拉尔山、澳大利亚南部、美国肯塔基和印第安纳州、古巴及牙买加等地都广泛分布着喀斯特地貌。

◆欣赏高原上的剪纸之花

云贵高原上生活着30余个少数民族，这些少数民族多擅长纺织、印染和刺绣，以棉布和麻布等非常普通的服饰为原料，制作出了各类精美的纺织品和工艺品。他们还创造了独特的服饰文化，是中国博大精深的服饰文化中最精彩的组成部分。

珍藏中国 中国的地形

  云贵高原上的剪纸是非常亮丽的一道风景线。各民族有其独特之处,下面我们欣赏几个最具特色的少数民族的剪纸艺术。

  剪花在苗族妇女生活中的地位相当重要,从苗族古歌"迁徙"中的唱词就可以看出,其唱词中说道:"姑姑叫嫂嫂,莫忘带针线,嫂嫂叫姑姑,莫忘带剪花。"贵州苗族剪纸纹样古朴、奇谲、充满着浪漫色彩,其中《姜央造人》还反映了苗族远古神话。传说远古时候,恶神雷公放洪水淹没天下,想要毁灭人类。苗族的始祖神姜央坐在葫芦里幸免于难。洪水过后,姜央用泥捏人,重造人类。可是新捏出来的人不会讲话,他便派鬼去问天。天告之砍竹子来烧,待竹子爆出声音人就会讲话了。姜央如法去做,人果然开口说话。

  根据神话的内容,《姜央造人》剪纸就表现这样的内容:它的左上角是天神,靠天神的一只葫芦里是躲过洪水之灾的姜央;天的右下侧,生着鸟嘴,头戴冠帽的怪人即问天的鬼。左下角捏泥人的,便是苗族造人的始祖姜央。将这些神、鬼、人连接起来的是生生不息、牵枝引蔓、开花结果的葫芦,周围还点缀以泥团和逐渐做成的小泥人。画面以生动的手法,把

水族剪纸妇女

不同时空的物象摆放在一幅构图中，表现了民间美术造型中别具一格的超时空构图法。

苗族的另一幅剪纸《老鼠娶亲》则表现了一个广泛流传于全国的"鼠婚"故事。画面用常见的二鼠抬轿式结构表现老鼠娶亲的典型场面，拟人化处理后的老鼠显得十分逗趣可爱。轿顶上一对被夸张得硕大的凤鸟和穿插其中的蝴蝶，又渲染出浓郁的民族地域色彩。剪纸《对鸟双凤袖花》与河姆渡出土骨匕上的连体双鸟纹几无两样，表现出苗族剪纸中远古文化的遗存。

彝族的剪纸，主要以衣着服饰为主，由领口、袖口的条形连续带状花组成。在胸花、腰花、枕花、帽花、臂花上，喜欢用火纹、太阳纹、火心纹和日轮纹作装饰，反映了彝族古老的崇火意识。侗族剪纸主要用作背扇花、卡胸花、围腰花、鞋帽花等刺绣花样。动物纹样有龙、凤、鸳鸯、蝴蝶等；植物纹样有七新花、缠枝花等；几何纹样有金钱纹、回纹等。

水族花样剪纸分别服务于传统的马尾绣和拼花贴绣，前者以流动曲线为主，构成对称纹样；后者则显得简略、粗犷、刚健。水族剪纸中常见的花草蜂蝶，多用浪花般的曲线勾连，给人以波光粼粼的视觉效果。连妇女们喜穿的绣鞋上也饰有水浪和野花纹，据说这是对其先民濒水生活习俗和沿河岸迁徙历史的记忆。布依族剪纸围腰花以植物纹为主，纤细而灵动；女衣花、门帘花多以涡纹为主，构成三角形或方形图案，规整中洋溢着活泼；背扇花用于背小儿的背带装饰，通常由正方形与三角形构成主框架，内填各类花鸟纹、蝶纹、金钱纹饰，显得结构饱满、端庄典雅。

◆ 观赏"春城"昆明的美景

知识链接

在众多的民族节日中，彝族的"火把节"，白族的"三月街"、"绕三灵"，傣族的"泼水节"，苗族的"踩花山"，傈僳族的"刀杆节"等久负盛名，节日活动丰富多彩。每逢节日，各民族群众都会穿上自己手工刺绣染制的民族盛装，从四面八方汇聚到一起，举行摔跤、斗牛、对歌等活动。按照岁时节令，农历三月初三的西山调子盛会、正月初九的金殿踏春、九九重阳的螺峰登高、中秋之夜的大观赏月等许多习俗在民间十分流行。

中国的地形

说到"春城",大家知道是指哪里吗?

答对了,就是云南省的省会,位于"彩云之南"的昆明。

昆明市地处我国西南边陲,夏无酷暑,冬无严寒,百花盛开,气候宜人,具有典型的温带气候特点,城区温度在0℃～29℃之间,年温差为全国最小,素以"春城"而享誉中外。

美丽的自然风光、灿烂的历史古迹、绚丽的民族风情,使昆明跻身为全国十大旅游热点城市。全市有各级政府保护文物200多项,有石林世界地质公园、滇池、安宁温泉、九乡、阳宗海、轿子雪山等国家级和省级著名风景区,还有世界园艺博览园和云南民族村等100多处重点风景名胜。

昆明风景名胜的中心——滇池,位于昆明市西南,由构造陷落而成,面积330平方千米,连同湖西侧的西山是著名游览、疗养胜地。滇池水域,群山环抱,河流纵横,良田万顷,人称"高原江南"。在滇池的周围,有渔村和风帆点缀的观音山风景区;有花光树影的白鱼口空谷园;有绵亘数里、水净沙明的海埂湖滨浴场和秀美隽逸的大观楼公园等等,都是十分惬意的游览之地。特别是在绿波荡漾的彼岸,巍峨雄壮的西山之巅,水浮云掩,那湖泊的秀丽与大海般玄境便呈现在你的眼前。滇池既有湖泊的秀丽,亦有大海的气魄。

紧靠滇池湖畔的海埂公园,垂柳绿荔枝、白浪沙滩,一派多姿多彩的南疆风光,是理想的天然游泳场。在公园眺望湖对面高山上的西山森林公园,更觉赏心悦目。若是想登上西山游玩,公园里的大坝码头上,有渔民驾驶的渔船可渡过水面到达西山脚下;也可到海埂民族村坐缆车上西山,从缆车上俯视滇池,千重波涛,湖光山色尽收眼底。

昆明还是一个多民族汇集的城市,有26个民族,形成聚居村或混居村街的有汉、彝、回、白、苗、哈尼、壮、傣、傈僳等民族。在长期的生产生活中,各民族既相互影响,融会贯通,同时又保持各自的民族传统,延续着许多独特的生活方式、民俗习惯和文化艺术。生活在昆明地区的各民族同胞热情好客,能歌善舞,民风淳朴,无论是其待人接物的礼仪、风味独特的饮食、绚丽多彩的服饰,还是风格各异的民居建筑、妙趣横生的婚嫁,都能使人感受到鲜明的民族特色。

四大盆地

世界第一大内陆盆地——塔里木盆地

我们的祖国有许多世界地理上的第一：世界上海拔最高的珠穆朗玛峰，世界上海拔最高的湖泊——纳木错，世界上最大的黄土堆积区——黄土高原等等。世界上最大的内陆盆地，也位于我们的祖国，这就是新疆维吾尔自治区的塔里木盆地。

由于深处大陆内部，周围又有高山阻碍湿润空气进入，塔里木盆地年降水量不足100毫米，大多在50毫米以下，发源于天山、昆仑山的河流到沙漠边缘就逐渐消失，只有叶尔羌河、和田河、阿克苏河等较大河流能流淌比较长的距离，盆地中心极为干旱，形成了中国最大的沙漠——塔克拉玛干沙

▲塔里木盆地航拍

漠（维吾尔语，意思为"进得去出不来"）。罗布泊、台特马湖周围则为大片盐漠。水源充足的山麓地带已发展为灌溉绿洲，著名的有库尔勒、库车、阿克苏、喀什、叶城、和田、于田等南疆名城。盆地中草甸土广布，沿天山南麓和昆仑山北麓，主要是棕色荒漠土、龟裂性土和残余盐土，昆仑山和阿尔金山北麓则以石膏盐盘棕色荒漠土为主；沿塔里木河下游两岸的冲积平原上主要是草甸土和胡杨林土（土壤学上亦称吐喀依土）。

塔里木盆地的自然景观分成四个环状。第一环状是盆地边缘砾石带，是由古代暴流洪积扇群组成，微向盆地中心倾斜，坡度一般6°～8°，宽

度10千米～30千米，厚度千米以上，表面由2米～3米厚砾层组成，水均渗入地下，地面草木不生。

第二环状是盆地边缘绿洲带，河流出山之后，坡度突降，水流分散，沙泥沉积，形成扇状平原，现有疏勒、莎车、阿克苏、和田和库车等大小绿洲100多个。绿洲灌溉农业发达，盛产小麦、玉米、水稻和棉花等，河道迁移，绿洲也会迁移。

> **知识链接**
>
> 塔里木盆地既是中国最大的内陆盆地，也是世界第一大内陆盆地。它坐落在新疆维吾尔自治区南部，东西长1 400千米，南北宽约550千米，面积约53万平方千米，盆地大体呈菱形，四周高山海拔4 000～6 000米，盆中部海拔800-1 300米，地势由南向北缓斜并由西向东稍倾。

第三个环状是盆地中部沙漠带，即塔克拉玛干沙漠，面积33.76万平方千米，占中国沙漠面积的47%，为世界上第二大沙漠。主要是流动沙丘，占85%，沙丘高大，一般都有50米以上，成沙较老的可达250米，呈新月形沙丘、新月形沙丘链、复合型沙山、长条状沙丘、金字塔形沙丘等形态。

第四个环状是盆地东部的罗布泊湖盆区，大部由盐壳组成，范围曾有多次变动，多风蚀雅丹地形。塔里木河基本汇集了盆地的全部大河，全长2 000千米，为中国最长的内陆河。河流冲积平原，土地资源丰富，胡杨林和灰杨林分布面积广，对防御风沙、调节气候、供应木材有重要作用。

◆探寻塔里木盆地的形成原因

如此巨大的盆地，到底是怎么形成的呢？科学家们绞尽脑汁，一直在寻找塔里木盆地形成的历史。结果，他们得出了一个惊人的结论。

上个世纪80年代，中国科学院组织了三个研究所、四个学科、十三个专业共144名科学家组成的科学考察队，对塔里木盆地进行了深入的探究，最后向世人宣告了一个惊人的结论：塔里木盆地是一块从南半球中高纬度漂移到北半球的陆块。

这是一个漫长的漂移故事：在大约8亿年前，现在的塔里木盆地还是一段靠近现在南极海底的活动性很强的古地槽。那时候，地壳运动剧烈，地球的南北变化频繁。在距今6亿年前，由地槽转变为陆块的塔里木从今天澳大利亚以南的海域开始其长达数亿年的"北征"运动。这块古陆在北移过程中按照地球磁极的变化变换着"行走"的姿势,其大部分时间是顺时针左旋前进,中间曾一度右旋过。在距今4亿年前的志留纪,塔里木陆块完成了决定性的一站,从南半球高纬度49.2°漂移到北半球低纬度地区。到距今约6 000万年前的第三纪时,它已移到北纬25.2°。距今500万年前的第三纪末,在印度板块与欧亚板块多次冲撞中,夹在其中的塔里木板块,被南北挤压,压缩了1 700千米,从台地变为盆地。后来,又在距今200多万年前的喜马拉雅山运动中被抬起,并被从北纬25°左右的位置挤到北纬40°左右。最后,塔里木陆块终于结束它长达几亿年的、跌宕起伏的北移活动,并在亚洲腹地"定居"。

  塔里木陆块的漂移,只是全球大陆漂移中一个小的组成部分。正因为塔里木有此漫漫数亿年,遥遥数万千米的漂移、漫游世界的地质历史,所以其经历的古地理、古气候环境条件是异常丰富多彩的。

  另外的一些科学家认为:塔里木盆地不是自然形成的,而是宇宙中迷路的小行星撞击地球以后产生的撞击坑遗迹。他们也找到了支持自己观点的证据。

▲库尔勒香梨大丰收

中国的地形

首先，由于塔里木盆地是世界最大的内陆盆地，位于天山山脉和昆仑山脉之间，南北最宽处520千米，东西最长处1 400千米，面积约40多万平方千米。盆地地貌呈环状分布，边缘是与山地连接的砾石戈壁，中心是辽阔沙漠，边缘和沙漠间是冲积扇和冲积平原，并有绿洲分布。可见，整个盆地形似椭圆形的橄榄球，具备撞击坑的第一特征——圆形或椭圆形。

其次，塔里木盆地与周围环境在地质上的能量平衡有这样的特点，塔里木盆地是地质上的巨大断裂与凹陷，产生大面积凹陷的能量方向是竖直向下的，这种大面积的竖直向下的巨大能量应该来自三种可能：

一是来自地球内部的巨大吸引力（必须远远大于周围的重力）。可是，地表重力场几乎是均衡分布的，地球内部地幔中的熔融高温物质却是向外呈扩张性作用，一旦地壳给予的束缚力不足，则随时以火山形式爆发。因此，产生大面积凹陷的能量，来自地球内部的竖直向下作用机理则是不可能的。

二是来自板块间的挤压作用导致的局部地表塌陷，或者是褶皱塌陷所致的局部地表塌陷。由于这类局部地表塌陷一般都以线性的塌陷为基本特征，因此根本不可能形成塔里木这类巨大的呈椭圆形的地表塌陷。

三是来自外太空的陨石、巨陨石、小行星对地球的撞击导致地表的塌陷。人类对于陨石的坠落不仅早已有所认识，而且拥有相当的物证——陨石及陨石坑。关于巨陨石对地球的撞击，一些科学家或者天文学家及爱好者对其有大量的研究和推测。然而，对于小行星的入侵事件，仍然是处于一个初步的探索与研究阶段，而且还不能把这类小行星的体积估计得或者是想象得太大（直径上百千米）。然而，自从地球诞生以来，既然众多的陨石曾

▲ 新疆若羌枣

经频繁不断地坠落于地球，那么，巨陨石、小行星对地球的入侵自然也是可能的。只是每当这种可能事件发生之际，整个地球必将遭受灭顶之灾。值得注意的是，我们人类生存的地球曾经有过繁荣昌盛的恐龙时代和恐龙的最终灭绝历史。直到今天，地球上也实实在在地存在着塔里木盆地这类巨大的凹陷坑。所以，人类应该没有理由来否定巨陨石或小行星曾经对地球有过"入侵、破坏、改造"的历史可能性。

由于塔里木盆地是整体的、大面积的地质凹陷，是刚性的地质凹陷盆地，其周围却正好是高原环抱。根据"能量巨变、形状巨变"规律，产生塔里木盆地的能量之源只能是来自巨陨石或小行星对地球的入侵并撞击所致。

总而言之，小行星撞击地球有如桃李砸西瓜、豌豆击鸡蛋。撞击者是自身碎裂并深陷淹没；被撞击者则是皮开肉绽、体无完肤、遍体鳞伤、千疮百孔。然而，随着时光的流逝，强大并巍然的地球，其肌体的健康又慢慢地愈合与康复，并建立起新的平衡体系，焕发出新的生命光彩。地球诞生已46亿年，海侵海退、陆升陆降、沧海桑田，大洲大洋、高原平原、盆地丘陵、沙漠戈壁，尽管全球地质地貌既复杂又零乱，既运动又静止，但其实又很简单、很有序。

◆富饶美丽的塔里木

虽然塔里木盆地的怀抱里有我国最大的沙漠，但是，塔里木盆地同样也是新疆南部一颗璀璨美丽的珍珠。

塔里木盆地中央虽然被沙漠占据，但是周边大大小小的绿洲，经过千百年的开垦、耕耘，已经形成了相对完善的灌溉体系，加上充足的光热资源，能满足中、晚熟陆地棉和长绒棉的需要。昼夜温差大，有利于作物积累养分，又不利害虫孳生，是中国优质棉种植的高产稳产区，而且还是特色林果基地。

南疆包括巴音郭楞蒙古自治州（下简称巴州）、克孜勒苏柯尔克孜自治州（下简称克州）、阿克苏地区、喀什地区、和田地区等五地州。这里自古以来就是一个多民族聚居的地区，汉族、维吾尔、柯尔克孜族、塔吉克等民族的艺术和风情绚丽多彩，构成了具有浓郁民族特色的人文景观。古丝绸之路的南、中两条干线上数以百计的古城池、古墓葬等古迹昭示着它历史的悠

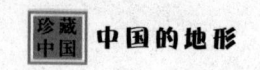

久与沧桑。

改革开放以来，尤其是国家西部大开发战略实施以来，南疆各地州基础设施、城乡面貌、各族群众生活都发生了巨大变化。在国家和自治区的大力支持下，南疆五地州建设了大批重点项目工程，促进了经济的快速发展和生态环境的改善。

南疆地区的巴州地域辽阔，是全国地域面积最大的地州，面积48.27平方千米，号称"华夏第一州"。这里是塔里木石油会展的主战场和"西气东输"的起点，出产的"库尔勒香梨"、"若羌红枣"闻名遐迩。阿克苏依托天然气、煤炭、棉花等，初步形成石油化工、煤焦化、棉纺及优质果品加工等六大基地。喀什地区是南疆地区政治、经济、文化中心，以维吾尔族为主。克州的矿产开发和农副产品加工助力当地经济发展。和田地区位于新疆最南部，该地区以玉石、地毯、丝绸享誉中外。

库尔勒、阿克苏、喀什、和田、阿图什市等城市似一颗颗美丽的珍珠，"撒"在塔里木盆地。凡是到过南疆的人，都会给南疆城镇留下美誉：歌舞之乡、瓜果之乡、黄金玉石之乡。

◆揭秘塔克拉玛干大沙漠

浩瀚的沙海，起伏的沙丘，无边的沙暴……神秘而又可怕的塔克拉玛干沙漠，是怎样形成的呢？

大约在100多万年前，塔里木盆地中并没有沙漠，而是河湖众多、植物繁盛、气候湿润的绿洲。在地质时期，形成沙漠化过程的地质背景是第四纪新构造运动。新构造运动使得青藏地块大幅度隆起，由此大范围地改变了青藏高原本身的气候特点和塔里木盆地的大气环流格局。一方面，隆起的喜马拉雅山脉阻挡了印度洋湿润气流的北上，另一方面，青藏高原的出现迫使干冷的空气在北方的西伯利亚大陆上聚集加强，并与太平洋上暖湿气流进行热交换，从而对东亚季风环流的确立起到了重要作用。在这种大气环流系统的逐步演变过程中，塔里木盆地的气候渐趋干燥，河湖干涸，植被变稀，风沙渐多。大约在1万年前，塔克拉玛干大沙漠就已基本上形成了今天这样的规模和面貌。

关于沙漠的形成这里还有一个美丽的传说。

▲塔克拉玛干大沙漠

  很久以前，人们渴望能引来天山和昆仑山上的雪水，来浇灌干旱的塔里木盆地。一位慈善的神仙有两件宝贝，一件是金斧子，一件是金钥匙。神仙被百姓的真诚所感动，把金斧子交给了哈萨克族人，用来劈开阿尔泰山，引来清清的雪水。他想把金钥匙交给维吾尔族人，让他们打开塔里木盆地的宝库，不幸的是，金钥匙被神仙的小女儿玛格萨丢失了，从此盆地中央就成了塔克拉玛干沙漠。

  无论是科学还是神话，塔克拉玛干大沙漠已经在塔里木盆地很久了，它时而安静，时而疯狂。塔里木盆地的气候变化直接影响沙漠化的进退过程。人类活动的频繁增加，参与到影响现代沙漠化的演变过程中来，并在沙漠化的发展和逆转中起加速或抑制作用。

  在变干的气候条件下，加上人为因素的作用，使得塔里木盆地地区沙漠化的发展呈上升趋势。一些绿洲缩小，即绿洲向沙漠化方向退化，如塔里木河的干支流中下游地区，胡杨林面积由20世纪50年代的540平方千米减小到1995年的73.33平方千米，沙漠化面积1996年比1959年增加了1.23平方千米，长达180千米的绿色走廊濒临毁灭。

资料分析表明，20世纪60年代以来，塔里木河流域气温变化不明显，而降水有增多的趋势，特别是河源流域地区降水明显增多，沙尘暴、大风日数显著减少；塔里木河下游流域降水也有增加的趋势，这对于植被生长是有利的，有利于减缓这些地区沙漠化的进程。然而，事实情况却是沙漠化面积不断在扩大，这表明生态环境的恶化与人类的不合理活动等因素有非常密切的关系。

沙漠化问题是塔里木盆地地区面临的最严峻的生态环境问题之一，是长期制约塔里木盆地生态环境保护与建设及社会经济发展的重要因素。特别是近几十年来，随着人口不断增加，人为不合理的经营活动不断增多，大面积的森林被砍伐，天然植被遭到破坏，大大降低其防风固沙、蓄水保土、涵养水源、净化空气、保护生物多样性等生态功能。人为地毁草毁林，过度开垦，不合理的耕地利用方式，破坏了脆弱的生态平衡，诱发了沙化的潜在因素，使沙化耕地大量出现。

随着21世纪中国经济建设重心向西部转移，塔里木盆地的人类活动的规模和频度都将比20世纪有所扩大，对生态系统的影响将会大大加强。现在如果不及时地采取适当的治理措施和科学的防治方法，沙漠化面积将会继续扩展，程度将会加重，塔里木盆地的前途也将不容乐观。

我们一定要从小养成尊重自然、爱护自然的环保意识，让我们的活动和自然环境和谐相处。总有一天，我们会重建一个绿色而又美丽的塔里木，重建一个绿色而又美丽的地球！

与天山共舞——准噶尔盆地

准噶尔盆地是中国第二大盆地，位于新疆维吾尔自治区北部、阿尔泰山脉与天山山脉之间，西侧为准噶尔西部山地，东至北塔山麓。准噶尔盆地海拔很低，大部分地方在500米～1 000米之间（盆地西南部的艾比湖湖面海拔仅190米），东西长1 120千米，南北最宽处约800千米，面积约38万平方千米，呈不等边三角形。地势向西倾斜，北部略高于南部，北部的乌伦古湖（布伦托海）湖面高479.1米，中部的玛纳斯湖湖面高270米，西南部的艾比湖湖面高189米，是准噶尔盆地的"盆底"。盆地西侧有几处缺口，如额尔齐斯河谷，额敏河谷及阿拉山口。西风气流由缺口进入，为盆地及周围山地带来降水，冬季气候寒冷，雨雪丰富。

盆地地貌可分三部分：包括两片平原和一片沙漠。平原可分为两区，北部平原北起阿尔泰山南麓，南至沙漠北缘，风蚀地貌明显，也有大片的草原和半荒漠草原，有大片风蚀洼地。南部平原南起天山北麓，北至沙漠南缘，是北疆主要的农业区。中部是古尔班通古特沙漠，古尔班通古特沙漠是中国第二大沙漠，沙漠面积占盆地总面积的30％。固定和半固定沙丘占优势，流动沙丘仅占3％。

塔里木盆地的绿洲处在盆地边缘，为山麓绿洲，日平均气温大于10℃的温暖期约140—170天，发源于山地的河流，受冰川和融雪水补给，水量变化稳定，有利于农业灌溉，栽培作物多一年一熟，盛产棉花、小麦。盆地的牧场广阔，牛羊成群。准噶尔盆地内还蕴藏着丰富的石油、煤和各种金属矿藏，石油总资源量为86亿吨，盆地西部的克拉玛依是中国较大的油田，北部的阿尔泰山区盛产黄金。准噶尔盆地是一个不折不扣的聚宝盆。

◆ 盆地中的黑金子

在准噶尔盆地的西北边缘、独山子油矿北方约130千米处，有一座"沥青

▲准噶尔盆地

珍藏中国 **中国的地形**

▲ 准噶尔盆地芦苇荡

丘",当地人把这里叫做"黑油山",因为这里像山泉一样往外流黑色的油,这黑色的油就是现在世界上最主要的能源——石油。而"黑油山"在维吾尔语中读作"克拉玛依",因此,这里的油田就被叫做克拉玛依油田。

中国在上个世纪五十年代中期以前,石油工业十分落后,新中国成立以前,最大的玉门油田年产量不过10余万吨,到1953年的时候,全国原油产量也只有43.5万吨,这点产量远远满足不了社会生产的需求量。

1955年10月29日,克拉玛依黑油山1号井钻出油,标志着新中国第一个大油田——克拉玛依油田被发现,从此,"克拉玛依"这个象征着吉祥富饶的名字传遍了五湖四海。从1956年克拉玛依油田投入试采后,石油产量快速增长,到1960年已达到163.6万吨,占当年全国天然石油产量的39%,是大庆油田投入开发之前全国最大的油田。

到1960年,克拉玛依油田初步探明含油面积290平方千米;克拉玛依—马尔禾油田先后发现克拉玛依、白碱滩、百口泉、乌尔禾、红山嘴等多个油田,一个石油宝库的轮廓逐渐呈现在世人面前。如今的克拉玛依已经建设成为一个依托石油立体发展的工业城市,成为我国重要的石油工业基地。

◆**西部明珠——乌鲁木齐**

新疆维吾尔自治区首府乌鲁木齐市地处亚洲大陆的地理中心,这座

知识链接 ✓

乌鲁木齐城内居住着汉、维吾尔、哈萨克、回、蒙古等47个民族,各民族的文化艺术、风情习俗特色鲜明。独特的服饰和赛马、叼羊、达瓦孜表演、阿尔肯弹唱等民族文化活动,以及能歌善舞、热情好客的各族人民,对异国他乡的游客颇具吸引力。目前,丝绸之路冰雪风情游、丝绸之路服装服饰节等带有丝绸之路文化特色的节庆会展活动,已成为乌鲁木齐特有的城市名片。

▲ 克拉玛依油田

城市是中国西部对外开放重要的门户。它是世界上离海最远的内陆城市,也是新欧亚大陆桥在中国段的西部桥头堡。乌鲁木齐自古便有"开天辟地之门户"之称,是连接天山南北、沟通新疆与内地的交通枢纽。现在的乌鲁木齐已成为我国西部对外经济文化交流的窗口。

  乌鲁木齐周围的自然风光独特而美丽:高山冰雪景观、山地森林景观、草原景观纷纷点缀在天山山脉上,这些雄奇宏伟的景观为来到这里的游客提供了良好的探险和观光场所。这片美丽的原始草原也是"乌鲁木齐"这个名字的来源之处。在这里曾经有许多牧民,他们逐水草而居,过着"天苍苍,野茫茫,风吹草低见牛羊"的游牧生活。他们把这块土地命名为"乌鲁木齐",意思是"美丽的牧场"。从公元1世纪开始,汉朝政府派人到这里开垦种田,开辟了"丝绸之路"新北道。岁月沧桑,这座联结中西方的"丝绸之路"上的边塞城市便逐渐形成了。

  祖国西部的这片热土上不仅有无限美好的自然景观,也有着独具特色的人文景观。历史上的乌鲁木齐是古丝绸之路新北道上的重镇,是东西方经济

中国的地形

的交流中心,也是西方文化和中国文化的荟萃之地,整座城市呈现出多元文化的特质。这里最主要的特色就是开放、热情、豪爽和奋进,这里是周围地区最具活力的城市。

乌鲁木齐周围的自然资源也相当丰富,北有准东油田,西有克拉玛依油田,南有塔里木油田,东有吐哈油田。城市地处准噶尔储煤带的中部,市辖区内煤炭储量就达100亿吨以上,被称为"油海上的煤船"。这里还蕴藏丰富的各种有色、稀有的矿产资源。境内天山冰川和永久性积雪被称为"天然固体水库"。山区有繁茂的天然森林和天然草场,可利用的野生植物300余种。光能、热能和风能资源也极为丰富,亚洲最大风力发电厂就坐落在乌鲁木齐郊外。这些重要的自然资源,为乌鲁木齐的经济发展奠定了坚实的基础。

现在,这座具有1 300多年悠久历史的城市已经是一座现代化的大都会,拥有200多万人,人们在继承和保持着各民族的传统和特色的同时,又把自己融进时代气息之中,形成了民族特色与流行风气相映成趣的独特风貌。市中心的红山是乌鲁木齐最引人注目的标志。

▼乌鲁木齐

聚宝盆——柴达木盆地

柴达木盆地是一个高原型盆地，位于我国青海省的西北部平均海拔4 000多米的山脉和高原形成的月牙形山谷中。柴达木盆地的地势由西北向东南微倾，海拔在2 600米～3 000米之间，西宽东窄，略呈三角形；东西长约800千米，南北宽约300千米，面积25万平方千米。地貌呈同心环状分布，从边缘至中心，洪积砾石扇形地（戈壁）、冲积-洪积粉砂质平原、湖积-冲积粉砂黏土质平原、湖积淤泥盐土平原等地质区域有规律地依次递变。其中的雅丹地貌更是世界闻名。盆地四周高山环绕，东有日月山，西北有阿尔金山脉，南面是昆仑山脉，北面是祁连山脉。柴达木盆地是一个典型的封闭内陆盆地。

柴达木盆地的气候属于高原大陆性气候，以干旱为主要特点。盆地内的年降水量自东南部的200毫米递减到西北部的15毫米,年均相对湿度为30％～40％,最小可低于5％。盆地中的自然景观为干旱荒漠，主要的土壤类型为盐化荒漠土和石膏荒漠土。后者主要分布于盆地西部，草甸土、沼泽土一般均有盐渍化现象。

▲柴达木盆地

柴达木盆地中地势低洼处盐湖与沼泽广布，有盐水湖5 000多个，最大的湖泊要数面积1 600平方千米的青海湖。河流主要分布于盆地东部，西部的水网极为稀疏，河流水量补给主要以高山冰雪融水补给为主。盆地中植被稀疏，种类单纯，总共不足200种，以具有高度抗旱能力的灌木、半灌木和草本为主，盐生植物较多。动物区系具有蒙新区向青藏区过渡的特征。野生动物主要有野骆驼、野驴、野牦牛、黄羊、青羊、旱獭、狼、马熊、獐、狐、獾等。由于人类的垦殖和无限制的捕猎，目前野生动物大为减少，有的更是濒于绝迹。

珍藏中国 中国的地形

▲ 雅丹地貌

虽然柴达木盆地生态景观较为荒凉，但是这里物产丰富，蕴藏有丰富的盐类和其他化学元素。主要的矿产有盐、硼、钾、镁、锂、铷、溴、碘、锶、铯、石膏、芒硝、天然碱等。盆地里面储藏的食盐达到600多亿吨。铅、锌、铬、锰等金属以及煤炭、石油、石棉等资源的储量也很丰富。这里最为著名的矿产首推各种盐，盆地中的钠盐探明储量530多亿吨；氯化钾探明储量2亿多吨，占全国总储量的97%；硼探明储量1 100多万吨，占全国总储量的一半；氯化镁探明储量约20亿吨……因此，柴达木盆地又被称为"盐的世界"。

柴达木盆地不仅是盐的世界，而且还储藏着丰富的石油、煤以及多种金属矿藏，冷湖的石油、鱼卡的煤、锡铁山的铅锌矿都很有名。盆地中还有丰富的药用资源，药用植物、药用动物、药用矿物共计有782种。这里出产的汉藏药材不仅蕴藏量大，而且医疗效果好，有些药材甚至只有这里才有出产。这里的白唇鹿鹿茸就是公认的上等滋补佳品，盆地内大量种植的枸杞，经中国科学院西北高原生物研究所和西北农业大学化验分析，其药用有效成分超过了国内所有同类药材，成为中藏药材中的一枝奇葩。盆地内分布的药用植

> **知识链接**
>
> 贝壳梁
> 　　在柴达木盆地的一处戈壁滩上,有一条长约2千米的小丘陵,当地人称贝壳梁。贝壳梁表面薄薄的盐碱土盖下面竟是厚达20多米的瓣鳃类和腹足类生物贝壳堆积层。这一罕见的自然奇观,是迄今为止中国内陆盆地发现的最大规模的古生物地层。
>
> 芦苇船
> 　　贝壳梁西行20多千米,就来到了芦苇船的所在地。这是一块待开发的土地,因而它就没有一个固定的名字,人们通常说它在"诺木洪塔温塔里哈"新石器的遗址西北部的小湖中。这一带是柴达木盆地的最低处。古海遗留了星星点点的湖泊沼泽,因而这里的河又发育极为完善,大大小小的湖泊在戈壁深处散发着清香。
>
> "雅丹"地貌
> 　　"雅丹"是维吾尔语,意为"具有陡壁的土堆丘",也叫"风蚀林"、"沙石林",是一种奇特的风蚀地貌。柴达木盆地中的"雅丹"地貌区西临一里坪,北接德宗马海湖,东连马海,南与尕台吉乃尔相连,在大柴旦镇以西约200平方千米。由于亿万年的地质变迁,因褶皱而隆起和因断裂破碎的裸露第三级地层在外因力的长期作用下,吹蚀一部分地表物质形成的多种残丘和槽形低地。盆地瀚海盐碱滩,由于受强烈风沙的侵蚀,久而久之,使裂缝越来越大,将原平坦的地表发育成许多不规则的垄脊沟槽,顺盛行风方向伸长,沟槽越来越大,垄脊越来越小,出现不连接的许多土墩,形成了戈壁滩上特有的一大奇观,这就是著名的"雅丹地貌"。

物红景天已被医学界认为是继人参、刺五加之后一种新的营养补剂药源。柴达木盆地是青海省的一个巨大的"聚宝盆"。

◆细数盆地中的变化

随着人们保护环境意识的增强,以及国家对柴达木盆地投资的不断增多,柴达木盆地正在发生着巨大的变化。

第一个变化就是柴达木盆地里的绿洲面积不断扩大。据卫星遥感监测显示,柴达木盆地沙区风蚀荒漠化程度趋缓。近几年荒漠化面积明显减少,土地荒漠化面积较2 000年以前缩减2.7%。2 000年以来,柴达木盆地内实施退耕

中国的地形

还林0.02万平方千米，人工造林0.10万平方千米，封沙、封山育林0.11万平方千米；国家重点公益林生态效益补偿面积已扩大到0.58万平方千米。

素有中国"聚宝盆"之称的柴达木盆地，长久以来，瀚海阑干、风沙戈壁是人们对这里自然环境的印象。但近年来，得益于气候变化和生态治理双重因素，柴达木盆地生态环境实现逆转，昔日荒芜的高原戈壁不仅显现绿色生机，而且湖泊丰盈，地下水位上升，野生动物数量也大幅增加。

此外，受全球气候变暖的影响，柴达木盆地是青藏高原乃至全国升温最为显著的地区。在气温升高的同时，柴达木盆地降水量也在持续增多。专家指出，全球气候变暖给柴达木盆地带来的显著影响，也成为整个青藏高原气候变化最为敏感和显著的地区。而种种迹象表明，柴达木盆地气候由暖干化向暖湿化转型。

▲贝壳梁

天府之国——四川盆地

说到"天府之国",大家会想起什么地方呢?对了,就是成都市和四川省。美丽富饶而又宁静悠闲的成都市,就坐落在四川盆地的中心。

四川盆地底部的面积约为16万平方千米,按照其内部差异,地质学家把盆地内部分为盆西平原、盆中丘陵和盆东平行岭谷三部分,三者以龙泉山和华蓥山为界。

盆西平原在龙泉山和龙门山、邛崃山之间。相邻的版块撞击后在这里断裂下陷,再加上河流冲击,就形成了这块我国西南部面积最大的平原。这里土壤肥沃,河渠稠密,著名的都江堰自流灌溉工程就修建在这里。

▲四川盆地

这块平原素有"天府平原"之称。因为成都市就位于这个平原里面,人们又把它称为成都平原。

在龙泉山和华蓥山之间的盆中丘陵,地势低矮,海拔大多在300米～500米之间。丘陵地势由北向南倾斜,岩层在流水的长期侵蚀切割作用下,形成台阶状的方山丘陵。南部多浅丘，北部多深丘。丘陵地表软硬相间的紫红色砂、页岩极易风化为紫色土，富含磷钾，自然肥力较高，宜种性广，是四川省粮食、经济作物主产区。

盆东平行岭谷区是由多条近似东北-西南走向的山地与向斜宽谷组成，山地陡而窄，海拔高700米～1 000米。其中的华蓥山高1704米，是盆地底部的最高峰。山地顶部的石灰岩被雨水溶蚀后，常常形成凹槽，所以山地大多具有"一山二岭一槽"或"一山三岭二槽"的特色。山岭间的谷地宽而缓，海拔300～500米，其间丘陵、平坝交错分布，是平行岭谷区内开展工农业生产的主要地区。

盆地边缘多低山，山势陡峻。发源盆地边缘山地的河流大多为"V"字形河谷，岭谷高差超过500～1 000米，地表崎岖，因此，历史上就有"蜀道难，难于上青天"之说。

盆地北缘米仓山、大巴山近似东西走向，是著名的秦巴山地南翼部分，海拔一般在1 500米～2 200米之间，山势雄伟，山坡陡峭，沟谷深切，相对高差可达500米～1 000米；南缘大娄山属气势磅礴的云贵高原的一部分；西缘有龙门山、邛崃山、峨眉山，山脊海拔都在1 500米～3 000米以上，相对高差可达

▼都江堰水利工程

1 000米。著名的峨眉山顶峰高3 099米，与附近的平原相对高差达2 650米，山势巍峨秀丽，为中国四大佛教名山之一。

号称"天府之国"的四川盆地自然资源相当丰富，有煤、铁、天然气、石油、盐、芒硝、石膏、磷、铝、硫、铜、锰、金、石墨、汞等多种矿产。其中天然气和芒硝的储量为中国之冠。这里还有中国重要的锶矿。

盆地内的水力资源蕴藏量近0.5亿千瓦，土地利用率也居四大盆地之首。这里是中国最大的水稻、油菜子产区，蚕桑、柑橘、油桐、白蜡、五棓子、银耳、黄连等作物的产量均居中国第一。

这座紫红色的盆地中聚居着四川、重庆一省一市的绝大部分人口，这里是中国人口最稠密的地区之一。这里也是巴蜀文化的摇篮。蜀国丞相诸葛亮曾称赞四川盆地"沃野千里，天府之土"，李白也曾写诗称赞道"蚕丛及鱼凫，开国何茫然"，这些诗句充分说明巴蜀地区是一个物华天宝、人杰地灵的地方，也是中华文明的重要组成部分。

◆天府之国的气候

四川盆地地处中亚热带，盆地内的气温东高西低，南高北低，盆底高而边缘低，等温线分布呈现同心圆状。因为地形闭塞，这里的气温高于同纬度其他地区，盆地东南部的极端最高温往往超过40℃，重庆、彭水曾出现过44℃的高温，因此，重庆被列为长江流域的三大"火炉"之一。盛夏时节，连续的晴热高温天气往往造成盆地东南部严重的夏伏旱。盆地内霜雪十分少见，年无霜期长达280～350天，位于长江河谷中的长宁甚至全年无霜。

四川盆地年降水量1 000毫米～1 300毫米，盆地边缘的山地降水十分充沛，

> **知识链接**
>
> 四川盆地是中国四川省东部的紫砂岩盆地，也是中国四大盆地之一，面积18万平方千米。通过长江，四川盆地可以直接连通到东海，它是我国最大的外流盆地。
>
> 四川盆地西依青藏高原和横断山地，北靠秦岭山地与黄土高原相望，东接湘鄂西山地，南连云贵高原。这里的岩石，主要由紫红色砂岩和页岩组成。这两种岩石极易风化发育成紫色土。紫色土中含有丰富的钙、磷、钾等营养元素，是我国最肥沃的自然土壤。而四川盆地正是全国紫色土分布最集中的地方，人们又把四川盆地称为"紫色盆地"。

珍藏中国 中国的地形

如乐山和雅安间的西缘山地年降水量为1 500毫米～1 800毫米。这些山地是中国突出的多雨区，有"华西雨屏"之称。然而，四川盆地的降雨有冬干、春旱、夏涝、秋绵雨的特点，年内降水分布很不均匀，70%～75%的雨量集中于6～10月，最大的日降水量可达300毫米～500毫米。"巴山夜雨"自古闻名，夜雨占总雨量的60%～70%以上。盆地区雾大湿重，云低阴天多。峨眉山、金佛山是中国雾日最多地区，年相对湿度之高也为中国之冠。四川盆地年日照总时间仅为900小时～1300小时，年太阳辐射量为370千焦～420千焦耳/平方厘米，均为中国最低值。"蜀犬吠日"的成语就是说四川盆地很少出太阳，小狗看见太阳都会惊奇地大叫起来。可见，天高气爽的大晴天在这里是多么罕见。

▲丰富的生物资源

◆穿越盆地的生物王国

四川盆地中生长的植物有近万种，物种的古老和特有为中国其他地区所不及。在盆地边缘山地及盆东平行岭谷能够见到水杉、银杉、鹅掌楸、檫木、三尖杉、珙桐、水青树、连香树、领春木、金钱槭、腊梅、杜仲、红豆杉、钟萼木、福建柏、穗花杉、崖柏、木瓜红等珍稀的孑遗植物与特有物种。在湿热河谷可见桫椤、小羽桫椤、乌毛蕨、华南紫萁、里白等古热带孑遗植物。现在，国家在金佛山和缙云山分别设立了自然保护区保护这些珍稀的植物"活化石"。盆地东南缘的酉阳还有世界上最高大的白花泡桐，最高者达44米。

四川盆地的地带性植被是亚热带常绿阔叶林，其代表树种有栲树、峨眉栲、刺果米槠、青冈、曼青冈、包石栎、华木荷、大包木荷、四川大头茶、桢楠、润楠等，海拔一般在1 600米～1 800米以下。其次有马尾松、杉木、柏木组成的亚热带针叶林及竹林。边缘山地从下而上是常绿阔叶林、常绿阔叶与落叶阔叶混交林，寒温带山地针叶林，局部有亚高山灌丛草甸。

> **知识链接**
>
> 据考证，"天府"一词最早见于《周礼》，本是一种官名，是专门保管国家珍宝、库藏的一种官吏。后人用这个名称来比喻自然条件优越、形势险固、特产富饶的地方。
>
> 历史上最早称四川为"天府"出现在诸葛亮的著名文章《隆中对》里："益州险塞，沃野千里，天府之土，高祖因之，以成帝业。"汉代的益州包括今四川盆地和汉中盆地。晋代著名史学家常璩在所著《华阳国志》中称："蜀沃野千里，号称'陆海'，旱则引水浸润，雨则杜塞水门，故记曰：水旱从人，不知饥馑，时无荒年，天下谓之天府也。"

四川盆地是中国动物种类最多、最齐全的地区之一。据统计，除鱼类外，盆地底部共有动物417种，盆地西缘、北缘和南缘山地分别为487种、317种与288种，其中经济动物均占一半以上。盆地西缘山地是中国特有古老动物保存最好、最集中的地区，属于一类保护动物的有大熊猫、金丝猴、扭角羚、灰金丝猴、白唇鹿等。还有珍贵特有动物小熊猫、雪豹、鬣羚、短尾猴、猕猴、毛冠鹿、水獭及鸳鸯、血雉、红腹角雉、绿尾虹雉、白腹锦鸡、红腹锦鸡等。

珍藏中国 中国的地形

▲成都天府广场

　　盆地西缘的平武、青川、北川、宝兴、天全、洪雅、马边等地，均为中国大熊猫的主要分布区。国家在这些地方设立了唐家河国家级自然保护区、王朗国家级自然保护区、卧龙国家级自然保护区、蜂桶寨国家级自然保护区、喇叭河国家级自然保护区等7处大熊猫、金丝猴国家级自然保护区。到四川看大熊猫，是全世界的人们喜爱做的事情之一。

　　酉阳、马边、平武、青川等盆地边缘山地溪沟中的大鲵及长江、金沙江中的中华鲟、白鲟也为四川所特有，它们都是动物界的"活化石"，它们也都是国家级保护动物。

　◆讲述"天府之国"美名之来由

　　四川盆地土地肥沃、气候温和、雨量充沛，特别是在秦朝的李冰修建了都江堰水利工程之后，成都平原成了中国历史上农业和手工业都十分发达的地区，也成了中央王朝的主要粮食供给基地和赋税的主要来源。因此，这里被人们称为"天府"。

　　四川盆地周围都是崇山峻岭，交通闭塞，古称"四塞之国"，在冷兵器时代，它具有易守难攻的特殊战略地位，因而避免了历史上很多次战争的破坏，得到了一个相对安定的社会环境，这就有利于此地社会经济的发展。

历史上许多有眼光的战略家，如张良、诸葛亮等都把四川当做可以立国的根基之地。唐朝中期和晚期，关中发生战乱时，唐玄宗和唐僖宗都是逃到四川成都避乱，当时的成都，在他们的眼里正是一片笙歌宴舞之地，当时就被称为"天府之国"了。

就这样，"天府之国"在历代文人学者笔下逐渐成了四川盆地的代名词。

◆走访蓉城——成都

"丞相祠堂何处寻？锦官城外柏森森。"这里有全国影响最大的三国遗迹博物馆，即诸葛亮、刘备纪念地和唯一的君臣合祀庙宇——武侯祠博物馆；"八月秋高风怒号，卷我屋上三重茅"，这里有富有诗情画意和竹林风光的名园——杜甫草堂。这里就是蓉城——成都。

成都历史悠久，有"天府之国"、"蜀中江南"、"蜀中苏杭"的美称。据史书记载，大约在公元前5世纪中叶，古蜀国开明王朝九世时将都城从广都樊乡（今双流县）迁往成都，构筑城池。关于成都一名的来历，据《太平寰宇记》记载，是借用西周建都的历史经过，取周王迁岐"一年而所居成聚，二年成邑，三年成都"而得名成都。2001年出土的金沙遗址，已经将成都建城历史从公元前311年提前到了公元前611年，超过了苏州，成为中国未变遗址最长久的城市。

今日的成都是中国西南地区科技、商贸、金融交通、通信枢纽的中心，是中国西南地区的中心城市。目前成都在电子信息产业、生物医药产业、化学化工产业、家具和鞋业制造产业、动漫和传媒产业、会展产业、航空航天产业、旅游业等领域均取得巨大成就，稳步奠定了成都作为西部中心城市的地位。

成都也是自然与人文景观富集之地。自然景观中的山景、洞景、水景俱全，九峰山、石象湖、西岭雪山等秀美景色极具吸引力。这里有25个国家、省、市级风景名胜区、自然保护区、森林公园和地质公园。人文景观也毫不逊色，著名的有都江堰、青城山、武侯祠、杜甫草堂、二王庙、文君井、文殊院、宝光寺、永陵、金沙遗址等，观音寺的壁画、塑像和花置寺的摩崖造像等，都具有很高的艺术观赏价值。

三大平原

北大仓——东北平原

我们用一组美丽的诗歌——《松嫩大平原》来认识我们即将踏入的东北大平原吧!

"深秋/那些植物们/把一生交给大地/如今,他们睡得多么安详/我的大平原/头枕着大江/北风,是他穿越冬天的翅膀/一架马车/载着满满的心事/远行在目光极处的云上/树木和炊烟/都是平原的手掌/擎着天空、鸟巢和村庄

"草场/那些云朵/骑在牛背上/感受正午的秋阳/那些草垛/多像牧人的棋子/布阵在空旷的盐碱地上/我的小汽车/是一只自由的鸟儿/尽情地伸展着羽翼/在牧场的红砖房前/谁斜倚围栏/用目光测量冬天的厚度

"油田/那些阳光下的机械/都是油田的手臂/那些机械的造型/多像勤恳的劳动模范/勇敢的油田人/把网撒向地心/打捞远古的往事/飞翔的鸟儿/用翅膀驮着蓝天/和现代化的家园/我站在油城的电视塔上/将目光系在云端/却还是望不到大油田的边缘。"

这组诗完美地展露出东北平原上的美丽画面。东北平原富饶辽阔,犹如仙境,让人神往。

◆走进东北平原

东北平原位于大兴安岭和长白山之间,包括黑龙江、吉林、辽宁三个省和内蒙古的一部分,长约1 000千米,东西最宽处约400千米,面积约35万平方千米,是中国面积最大的平原。它主要由辽河、松花

▲东北大平原

江、嫩江冲积而成。大部分地方海拔在200米以下，长春附近松辽分水岭处地势稍高，为200米～250米。

东北平原由三部分组成：北部叫松嫩平原，南部是辽河平原，这两部分合称松辽平原，是东北平原的主体；还有一部分就是东北部的三江平原。

松辽平原由于是由松花江和嫩江冲积而成，地面平坦，海拔多在200米以下。站在平原上遥望，平畴沃野，麦浪如波，一派辽阔大平原的景象。

东北的三江平原则是一个低洼的平坦平原。过去，这里是一个山间盆地，每到雨季，三条大江的洪水滚滚而来，一齐涌向这个排水不畅的低洼原野，造成江水泛滥；再加上这一地区纬度较高，冬季漫长，气温较低，蒸发微弱，存于地面的积水蒸发不掉，渗不下去，更排不出去。长年累月的积水把这里演变成为中国有名的大沼泽地。三江平原也就变成了有名的"除了兔子就是狼，光长野草不打粮"的北大荒。

1949年以后，成千上万的部队指战员、知识青年和干部群众，怀着开发边疆、建设祖国的豪情壮志，奔向"北大荒"。他们利用自己的聪明才智，宜林则林，宜牧则牧，采取农、林、牧、副、渔综合发展的原则，在人迹罕

▼黑土地

中国的地形

知识链接

东北三省包括黑龙江、吉林、辽宁三省，这里是我国重要的木材、矿产生产基地，这里还蕴藏着丰富的野生动植物资源。

东北平原的油母页岩、铁、硼、菱镁石、金刚石、滑石、玉石、溶剂灰岩等矿产的储量均居中国首位，辽河油田是中国第三大油气田，石油、天然气储量分别占中国的15%和10%。这里的东北虎、紫貂、丹顶鹤、梅花鹿、大马哈鱼、黑熊、飞龙、猴头、人参、黄芪、松耳等驰名中外。东北地区有综合的工业体系、完备的基础设施、丰富的农产品资源、优良的生态环境和雄厚的科教人力资源等优势。这是一片极具潜力的富饶之地。

东北三省还是中国对东北亚地区开放的窗口，毗邻的俄罗斯、朝鲜、韩国、日本等国在资源、市场、资本、技术和先进的管理经验等方面各有所长。华北是东北的腹地，有京、津等大都市，有丰富的资源和技术力量，同时还是一个巨大的潜在市场，是东北经济发展的大后方。

东北三省被誉为新中国的"工业摇篮"。布局在东北三省的钢铁、能源、化工、重型机械、汽车、造船、飞机、军工等重大工业项目，奠定了中国工业化的初步基础。东北老工业基地中的装备制造业特别是重大装备制造业，曾经为我国作出很大贡献，现在仍具有产业、科研和产业技术工人等"基础性技术群体"的优势和产业实力，而这些优势和巨大潜力，是东南沿海等发达地区所不具备的。

东北三省文化历史源远流长，具有丰富的旅游资源，以原始、粗犷、神奇和博大见长。冰河树挂、冰雕雪塑，蔚为奇观；森林、草原广袤富饶；朝鲜族、满族、蒙古族、回族等少数民族风情民俗吸引着大量中外游客。

至的茫茫荒原上，排干沼泽，开垦荒地，建商品粮基地，设现代化工厂和新农村，把千古荒原变成了万顷良田。在人们的努力下，"北大荒"变成了如今的"北大仓"。

◆ 感受平原气候

东北平原处于温带和暖温带范围，有大陆和季风型气候特征。夏季短促而温暖多雨，冬季漫长而寒冷少雪。冬夏之间季风交替。7月平均气温21℃~26℃，1月平均气温-24℃~-9℃。年降水量350毫米~700毫米，由东南向西北递减。降水量的85%~90%集中于暖季（5~10月），雨量的高峰在7、8、9三个月。年降水变率不大，为20%左右。干燥度由东南向西北递增。

一般的北方作物在这里都可得到较好的生长，辽河平原南部还可栽培棉花和冬小麦。只有松嫩平原北部地区由于气温较低，高粱生长困难。

东北平原春季低温和秋季霜冻现象频繁。江河两岸和洼地，汛期常有洪涝灾害。

◆触摸平原土壤

松嫩平原的中部和东部的主要土壤类型为黑土，黑土分布于山前台地和平原阶地上，从北向南呈弧形分布。这里是我国著名的黑土带，开发历史较久，是我国重要的商品粮、经济作物产区，具有农业综合发展的条件。松嫩平原西部主要是黑钙土、草甸土，约占83%，土壤自然肥力高。在辽河平原主要分布有草甸土-潮土。砂土的分布以平原西部最广。滨海有盐土、沼泽土。

▲哈尔滨

◆保护祖国的商品粮基地

松嫩平原是东北地区农业的重要基地，也是我国重要的商品粮基地之一。这里的主产作物为玉米，玉米产量占东北总产量的64%左右。其次为水稻、小麦和大豆，产量分别占东北区水稻、小麦和大豆总产量的23%、25%和32%。松嫩平原也是甜菜、奶类的生产区，产量分别占东北区的64%和58%。

松嫩平原土地资源虽然丰富，但土地生产率不高，主要原因有二：一是春旱频率高，伏旱、秋涝在有些年份也较严重，低温冷害频繁。水资源虽较丰富，但开发利用率低，有效灌溉面积不足耕地的15%，抗灾能力低。受旱、涝影响，粮食产量波动在20%～30%左右。二是虽然本区土壤的自然肥力较高，但长期以来只用不养，地力下降，黑土带土壤侵蚀较重，土壤有机质含量逐渐减低。化肥施用量低于全国平均水平，农家肥施用量更少，不施肥的白茬下种田约占全区耕地的1/3，这成为低产的主要原因。

松嫩平原土地利用不够合理，在开发利用土地资源过程中又忽视治理和保护，致使生态环境受到破坏，黑土层越来越薄，水土流失对商品粮基地建设影响很大，需要积极预防和治理。

> **知识链接**
>
> 哈尔滨中西合璧的城市风貌，粗犷豪放的北方民族风情，一道道亮丽的风景令人流连忘返，一年一度的哈尔滨之夏音乐会、冰灯游园会、冰雪大世界等大型活动显示了哈尔滨深厚的文化底蕴。悠久的人文历史，不仅荟萃北方少数民族的历史文化，而且是中西文化结合的名城。庄严雄伟的圣索菲亚教堂，神秘气氛笼罩的尼古拉教堂，造型奇巧的俄罗斯木屋，典雅别致的哥特式楼宇，欧式建筑的中央大街，雅洁明快的建筑色调，灯红酒绿、繁华似锦的都市风貌，处处折射出"东方莫斯科"的独特魅力。在这一幅幅魅力的画面下，哈尔滨市也获得"共和国长子"、"北国冰城"、"丁香城"、"天鹅项上的珍珠"以及"东方莫斯科"、"东方小巴黎"、"冰城夏都"等美称。

搞好商品粮基地建设，必须从改善农业生态环境出发，坚持开发利用、保护、治理相结合，坚持经济效益、生态效益、社会效益的统一，采取综合治理措施，建立多层次多功能的复合生态结构。今后松嫩平原农业的发展，应立足于资源的深度开发，着重解决产量不稳不高的问题，主要是加强水利建设和建立旱作农业技术体系，增强对旱、涝的抗御能力；合理调整作物品种布局，避免、减轻低温冷害；努力培肥地力并提高农业机械化水平，在提高土地生产能力的同时进一步提高劳动生产率；强化种植业和饲养业、农区和牧区的结合，加快畜牧业的发展；巩固提高以玉米、水稻、小麦、大豆、甜菜以及肉、奶为主的农业综合商品生产基地。

◆魅力冰城——哈尔滨

一说到东北，我们就会想起哈尔滨神奇的冰灯和美丽的冰雪。让我们放慢脚步，仔细领略一下这座东北名城的风采吧！

二 地大中国

▲ 松嫩平原

　　哈尔滨地域广阔，土地肥沃，雨水充沛，空气清爽，是东北地区最大的中心城市。这片广阔的黑土地堪称中国最肥沃的土壤，适合种植各种食用和纺织用农作物，是中国重要的商品粮生产基地。这里属于中温带大陆性季风气候，季节特点鲜明，春季山野披绿、满城丁香；夏季清凉宜人、休闲避暑；秋季秋高气爽、层林尽染；冬季银装素裹、雪韵冰情。

　　哈尔滨因其地处东北亚经济圈的中心位置，被誉为欧亚大陆桥的明珠，是第一条欧亚大陆桥和空中走廊的重要枢纽。现在，哈尔滨已成为我国东北地区面向世界各国，特别是对俄罗斯等独联体国家和东欧等国家开展贸易和经济技术合作的重要桥梁和窗口。

　　特殊的历史进程和地理位置造就了哈尔滨这座具有异国情调的美丽城市，它不仅荟萃了北方少数民族的历史文化，还融合了中外文化。多种文化的交融集中表现在其独具风韵的城市建筑上。这里不仅有一座座哥特式、巴洛克式、拜占庭式、折中主义、新艺术运动和后现代等各种风格的建筑的欧式建筑，也有十分传统的中国古典建筑。它们像一个个凝固的音符，为哈尔滨谱写了一曲曲动人的乐章，悄悄地向来来往往的人们诉说着历史，诉说着哈尔滨人不懈的努力。

粮棉油重地——华北平原

"草木惊摇殷地风，长川浊浪拍苍穹。郊原一望流云白，战血曾添返照红。运去英雄空有恨，时来竖子竟成功。贤氓莫道俱黄土，利害民生大不同。"

华北平原是抗战时期的重要战场，这首七律《过华北平原旧战场》描写的就是诗人重走华北战场时的感触。时过境迁，今天的华北平原早已没有了当年的枪林弹雨和硝烟弥漫，有的是美丽的风景和淳朴的民风。

◆走进华北平原

华北平原是中国第二大平原，地处黄河下游。平原西起太行山脉和豫西山地，东到黄海、渤海和山东丘陵，北起燕山山脉，西南到桐柏山和大别山，东南至苏、皖北部，与长江中下游平原相连。

▲奔腾的黄河

华北平原以淮河为界，分为两个气候区：淮河以南属于北亚热带湿润气候，以北则属于暖温带湿润或半湿润气候。

华北平原海拔大多不到百米，地势平缓倾斜，是典型的冲积平原，主要由黄河、淮河、海河、滦河冲积而成，故又称黄淮海平原。

根据华北平原的区域特性，地质学家们又将其分为四个亚平原。从北到南依次为辽河下游平原、海河平原、黄泛平原和淮河平原。

　　辽河下游平原，以山海关为界。山海关以外的平原，是由辽河冲积形成的，沼泽地较多，局部有盐渍化，平均气温低，但夏季仍然可以种植水稻，主要农作物以高粱、水稻、玉米为主。

　　海河平原位于燕山以南，黄河以北，太行山以东地区，是由海河和黄河冲积形成的，所以也被称为黄海平原。这里是中国粮棉的重要产区，南北距离达500多千米，因此也被称为"千里平原"。黄海平原的主要作物为小麦、玉米和棉花。

　　黄泛平原位于海河平原和淮北平原之间，是由黄河冲积和泛滥淤积形成的。这里的盐碱、沙化土地较多，但平均气温高，适合喜温抗沙作物生长，主要作物有棉花、花生、水稻、枣等。

　　淮北平原位于淮河以北，黄泛区以南，是黄河泛滥和淮河冲积形成的。

▲淮北平原

这里气温高，水源充沛。由于以前黄河泛滥，淤积淮河干道，造成这一带经常发生灾荒。现在，淮河被不断疏通治理后，淮北平原成了中国水稻的主产区之一。

　　这四大亚平原是中国开发较早、受到人类活动影响较大的地区，也是当代中国经济最发达的地区之一。这里不仅是中国的重要粮棉油生产基地，还是中国重要的煤炭、电力、石油、化工、钢铁、纺织、食品等工业基地。华北平原拥有丰富的煤、铁、石油等矿藏。平原上著名的煤矿有开滦、峰峰、徐州、淮南、淮北等大煤矿。山东的胜利油田年产原油量仅次于东北的大庆油田。

　　华北平原自古为中国政治、经济、文化中心，如今，这里依然呈现出一片欣欣向荣的景象，书写着新的辉煌。

◆踏访平原的土壤与植被

华北平原的地带性土壤为棕壤或褐色土。然而这里有着悠久的耕作历史，各类自然土壤已熟化为农业土壤。从山麓至滨海，土壤有明显变化。

沿燕山、太行山、伏牛山及山东山地边缘的山前洪积-冲积扇或山前倾斜平原，发育有黄土（褐土）或潮黄垆土（草甸褐土），平原中部为黄潮土（浅色草甸土），冲积平原上尚分布有其他土壤，如沿黄河、漳河、滹沱河、永定河等大河的泛道有风沙土；河间洼地、扇前洼地及湖淀周围有盐碱土或沼泽土；黄河冲积扇以南的淮北平原未受黄泛沉积物覆盖的地面，大面积出现黄泛前的古老旱作土壤——沙姜黑土（青黑土）；淮河以南、苏北、山东南四湖及海河下游一带尚有水稻土。黄潮土为华北平原最主要耕作土壤，耕性良好，矿物养分丰富，在利用、改造上潜力很大。平原东部沿海一带为滨海盐土分布区，经开垦排盐，形成盐潮土。

华北平原属于暖温带季风气候，大部分植被属暖温带落叶阔叶林带，原生植被早被农作物所取代，仅在太行山、燕山山麓边缘生长旱生、半旱生灌丛或灌草丛，局部沟谷或山麓丘陵阴坡出现小片落叶阔叶林；南部接近亚热带，散生马尾松、朴、柘、化香树等乔木。广大平原的田间路旁，以禾本科、菊科、蓼科、藜科等组成的草甸植被为主。

未开垦的黄河及海河一些支流泛滥淤积的沙地、沙丘上，生长有沙蓬、虫实、蒺藜等沙生植物。平原上的湖淀洼地，不少低湿沼泽生长芦苇，局部水域生长荆三棱、湖瓜草、莲、芡实、菱等水生植物。在内陆盐碱地和滨海盐碱地上生长各种耐盐碱植物，如蒲草、珊瑚菜、盐蓬、碱蓬、苜萝蒿、剪刀股等。

◆讲述华北平原河流及其改造的历史

华北平原地势平坦，河流众多。其中，黄河、淮河、海河为平原最主要的河流。

黄河是华北平原内最大的河流。奔腾万里的黄河进入平原后，河道变得宽阔平坦，然而，平原上的河床淤积严重。黄河虽为中国第二长河，水量却只有长江的1/20，河水流量在年内和年际间的变化都很大。由于河道淤积严

知识链接

我们祖国的首都——北京坐落在广阔的华北平原北端，有着3 000余年的建城史和850余年的建都史，是全球拥有世界文化遗产最多的城市，同时也是历史文化名城和中国八大古都之一，是当今中国的政治、经济、文化中心，被誉为中国的"心脏"。

北京在漫长的历史长河中，留下了许多宏伟壮丽的宫廷建筑，使北京成为我国拥有帝王宫殿、园林、庙坛和陵墓数量最多、内容最丰富的城市。其中北京故宫又称紫禁城，这里原为明、清两代的皇宫，住过24个皇帝，建筑宏伟壮观，完美地体现了中国传统的古典风格和东方格调，是我国乃至全世界现存最大的宫殿，是中华民族宝贵的文化遗产。

北京的历史景观不胜枚举，俯首皆是，《不列颠百科全书》将北京形容为"One of the world's great cities"（全世界最伟大的城市之一）。在传统文化中，胡同是最具北京特色的民居之一，最早起源于元朝，大大小小的胡同星罗棋布，数目达到7 000余条，每条都有一段典故传说，他们的名称也是五花八门。北京最古老的胡同是三庙街，至今已有900多年的历史了。

与这些胡同一起彰显北京特色民居文化的还有四合院，它们宁静、封闭，院内北房为正房，东西两侧为厢房，除大门外，没有窗户或通道与胡同相连，院子的外墙又组成了胡同的边墙。现如今在高楼林立的北京城内，这些为数不多的胡同与四合院默默地传颂着北京的古老文化。

北京的风光无限美好，北京的风味小吃也是相当诱人。它们历史悠久、品种繁多、用料讲究、制作精细，有口皆碑，其中的代表有豆汁儿、豆面酥糖、酸梅汤、茶汤、小窝头、茯苓夹饼、果脯蜜饯、冰糖葫芦、艾窝窝、豌豆黄、驴打滚、灌肠、爆肚、炒肝等。

古老的北京丝毫不失现代气息，像一颗闪亮的珍珠镶嵌在华北平原上。

重，河床远远高于周围的地面，花园口以下的黄河就像悬挂在平原之上，有"地上河"之称。

海河是华北平原北部最大的河流，它的主要支流有北运河、永定河、大清河、子牙河、南运河等五大水系。它们在天津附近汇聚入渤海。

海河干道泄洪能力差，极易酿成洪涝灾害。海河水系许多河流的上游发源于山西的黄土高原，它们会携带大量的泥沙堆积在平原上，致使河道一再决口、迁徙。比如永定河就有"小黄河"之称。海河流域各河7～9月的水量占全年50%～70%，尤以8月水量最大，占全年25%～40%；冬、春为枯水期。特别在春季，某些河段于个别月份甚至断流。夏、秋之交燕山南麓和太行山东麓的暴雨常常让这些河流发生洪灾。

淮河的中下游处于华北平原南部，由洪河口至洪泽湖。淮河南北两侧的水系不对称。北侧支流较长而密集，河道宽阔，水流缓慢；南侧支流河流短小，水势湍急。洪泽湖以下大部分水流转经高邮湖而泄入长江，另一部分通过苏北灌溉总渠注入黄海。淮河干流的夏季水量占全年50%以上，7、8月份常出现暴雨，淮河中游常于此时期出现洪峰，持续时间长，水量大，历史上经常发生灾害。

从黄河的地上"悬河"，再到充满野性的海河与淮河，我们可以看出，华北平原长期以来一直承受着洪涝灾害的压力。人民为了治理洪涝灾害，付出了很大的努力。新中国成立以来，国家对华北平原的河流进行了大规模的治理，先后在淮河流域与海河流域有计划地进行水利建设，使华北平原抵御自然灾害的能力逐步增强。黄河大堤经过不断加高培厚，保证了汛期洪水的安全下泄，改变了黄河过去"三年两决口"的状况。黄河下游两岸修建的引水工程,可灌溉农田0.67万平方千米。淮河、海河和滦河上游山区已修建百余座大、中型水库和千余座小型水库，有效地拦蓄了洪水，并为工农业用水提供了水源保证。特别是跨流域的引滦入津工程，缓和了天津市用水紧张的状况。

▲北京

除此之外，人们在海河中下游平原区开挖、疏浚了数千条大小河道，使666.67万公顷低洼易涝耕地基本解除洪涝威胁，盐碱化的土地也显著减少。漳卫新河、子牙新河、独流新河、永定新河的治理或开挖，使海河五大水系分流入海的泄洪能力由4 600立方米/秒提高到2.47万立方米/秒。苏北灌溉总渠、新沂河、新沭河及淮河入江水道的开通，使水系纷乱的淮河下游平原具有较畅通的排水出路。

除了这些自然河流，这里还有许多人工运河，其中最为著名的就是京杭大运河。

京杭大运河是我国古代劳动人民创造的一项伟大工程，是祖先留给我们的珍贵物质和精神财富，是活着的、流动的重要人类遗产。大运河始建于春秋时期，形成于隋代，发展于唐宋，最终在元代成为沟通海河、黄河、淮河、长江、钱塘江五大水系，纵贯南北的水上交通要道。在两千多年的历史进程中，大运河为我国经济发展、国家统一、社会进步和文化繁荣作出了重要贡献。至今，大运河仍在发挥着巨大作用。

京杭大运河显示了我国古代水利航运工程技术领先于世界的卓越成就，为我们留下了丰富的历史文化遗存，也孕育了一座座璀璨明珠般的名城古镇。大运河积淀了深厚悠久的文化底蕴，凝聚了我国政治、经济、文化、社会诸多领域的庞大信息。

三 水乡泽国鱼米之乡——长江中下游平原

对于传统的鱼米之乡而言，世人最熟悉的莫过于王安石在那首脍炙人口的《泊船瓜洲》里描写的："京口瓜洲一水间，钟山只隔数重山。春风又绿江南岸，明月何时照我还？"当然，严格意义上的长江中下游平原并不只局限于美丽的江南水乡，它还包括很多其他同样美丽的地方。

◆走进长江中下游平原

素有"鱼米之乡"、"水乡泽国"的长江中下游平原是中国三大平原之一，属中国长江三峡以东的中下游沿岸带状平原。它的北部延伸到淮阳山，南部与江南丘陵相接，由长江及其支流冲积而成，跨赣、鄂、湘、皖、苏、浙六省和上海市，地势低平，地面高度大部在50米以下。

珍藏中国 **中国的地形**

　　长江中下游平原是由五个亚平原组成，它们分别是两湖平原（湖北江汉平原、湖南洞庭湖平原的总称）、鄱阳湖平原、苏皖沿江平原、里下河平原（皖中平原）和长江三角洲平原组成。

　　两湖平原包括湖南的北部和湖北的南部。远古时代这里曾是个烟波浩渺的云梦泽，后来被长江及其支流冲刷下来的泥沙所填平。它的面积有5万平方千米，分为江汉平原和洞庭湖平原两部分。平原上水网密布，被称为"鱼米之乡"。

　　鄱阳湖平原除边缘红土岗丘外，中部的泛滥平原主要是由赣、抚、信、鄱、修等河流冲淤而成，面积约2万平方千米，地势低平，大部海拔50米以下，水网稠密，地表覆盖红土及河流冲积物。

▲土茯苓

　　苏皖沿江平原主要指湖口以下到镇江之间沿长江两岸分布的狭长的冲积平原，其中包括芜湖平原和巢湖平原。平原宽窄相间，江流时束时放，流速平缓；自大通以下，每受江潮顶托，流速更缓，泥沙沉积加强，尤当河道越过岩丘逼岸的矶头后，江流分汊，汊河间出现沙洲。沿江两岸湖泊众多，按其成因有构造湖，也有河迹湖。

　　皖中平原位于安徽中部的长江沿岸以及巢湖附近，面积较小。

　　长江三角洲位于镇江以东，运河以南，杭州湾以北，面积达5万平方千米，由长江和钱塘江冲积而成，这里的海拔只有10米左右，盛产稻米、鱼虾，粮食产量在全国占有重要的地位，历史上曾有"苏湖熟，天下足"的说法。

　　长江中下游平原上河汊纵横交错，湖泊星罗棋布。著名的五大淡水湖——洞庭湖、鄱阳湖、太湖、巢湖、洪泽湖都分布在这一狭长地带，因而

▲眼子菜

被称为"水乡泽国",又因其盛产鱼、虾、蟹、菱、莲、苇,江南还可种植双季稻,粮、棉、水产在全国占重要地位,素称"鱼米之乡"。

长江中下游平原凭借其优越的地理位置、便利的交通条件,站在我国经济发展的最前沿,不仅有上海、南京、武汉等大城市,还有苏州、无锡、常州、镇江、扬州、泰州、南通、芜湖、南昌、长沙等环境优美、经济发达的中等城市。

◆挖掘平原的中药资源

在长江中下游平原地区,广阔的冲积平原和盆地具有深厚、肥沃的土壤,为家养和野生药用生物提供了良好的生长条件。其中产量大、质量好的野生草本种类有土茯苓、益母草、明党参、葛根、虎杖、夏枯草、白花前胡、乌药、野菊花、地榆、茵陈、淡竹叶、何首乌、女贞子、南沙参、百部、瓜蒌、桔梗、丹参、牛蒡子、淫羊藿、白前、白花蛇舌草、玉竹、夏天无、太子参、鸡血藤、白药子、猫爪草、北柴胡、南柴胡、马兜铃、射干、艾叶、积雪草等;乔木类有樟树、女贞、冬青、枸骨、枫香、梧桐、合欢、乌梅、南酸枣等；灌木类有覆盆子、檵木、金樱子、木芙蓉、棕榈、山胡椒、冻绿、野山楂等；栽培药材有杜仲、厚朴、山茱萸、半夏、板蓝根、红花、补骨脂、桔梗等。这些既重要又常用的药材，不仅供应全国，而且远销海外。

由于长江中下游平原河网密布，湖泊众多，濒临海洋，地处东南亚季风带，气候温暖湿润，降水丰富，湖区水生植被面积大、种类多。当然这里就不乏珍贵的水生药材，它们从沿岸浅水向中心深水方向呈有规律的环状分布，依次为挺水植物带、浮水植物带和沉水植物带。

挺水型植物指扎根生于水底淤泥，植物体上部或叶挺生于水面的种类，多分布于内湖浅水、浅溏、沟汊及水田中，主要药用种类有芦苇、水烛、东方香蒲、莲、菰、慈姑、泽泻、黑三棱、菖蒲、石菖蒲、水葱、雨久花、鸭舌草和中华水韭等。

▲江南梅雨

浮水型植物指体悬浮于水上或仅叶片浮生于水面的种类，多分布于湖缘、池塘、沟汊等静水水域，主要药用种类有芡实、菱、野菱、莕菜、浮萍、紫萍、满江红、四叶萍、凤眼莲、空心莲子草、莼菜、睡莲、萍蓬草、水蕨、水龙等。

沉水型指扎根于水底淤泥中或沉于水中的植物，多分布于水深4米以下的暖流静水水域中，主要药用种类有眼子菜、菹菜、竹叶眼子菜、金鱼藻、黑藻、水车前及苦草等。在平原的沟溪长期积水处或土壤潮湿的沼泽地，还分布有水生药用种类灯心草、谷精草、矮慈姑、牛毛毡、节节菜、圆叶节节菜、水苋菜、丁香蓼、水芹、半枝莲、水苏、薄荷、鳢肠、蔓荆子、水蜈蚣、鱼腥草、三白草、毛茛、半边莲、猫爪草和白前等。湖区重要的栽培药材有芡实、泽泻以及食药兼用的荸荠、菱、莲、蕹菜等。

除了这些植物药材外，这里还有丰富的动物性药材，例如，珍珠、珍珠

二 地大中国

> **知识链接**
>
> 　　上海是中国第一大城市,是中国的经济、金融、贸易和航运中心。在中国高速发展的过程中,上海发挥了不可替代的重要作用。
>
> 　　上海位于我国大陆海岸线中部的长江口,拥有中国最大的工业基地、最大的外贸港口。有超过2 000万人居住和生活在上海地区,其中大部分属汉族江浙民系,通行吴语中的上海话。
>
> 　　昔日的上海,只是一个以渔业和棉纺织手工业为主的小镇。19世纪,由于上海良好的港口位置使其开始崭露锋芒。1842年《南京条约》签订后,上海成为中国开放对外通商口岸之一,并很快因成为东西方贸易交流的中心而迅速发展。至20世纪30年代,上海成为跨国公司开展贸易和商务的枢纽,是亚太地区最繁华的商业中心,被誉为"东方巴黎"。上海成为今日中国大陆最大的经济中心和全球最大的贸易港口。
>
> 　　上海也是一座新兴的旅游城市,具有深厚的近代城市文化底蕴和众多的历史古迹,如上海的地标——浦西的外滩和新天地。在一江之隔的浦东,却呈现出另一番繁华景象:东方明珠广播电视塔与金茂大厦、上海环球金融中心等建筑共同组成了全球最壮丽的天际线之一,而2014年将建成的上海中心,更会为其添上灿烂的一笔。
>
> 　　今日的上海,不仅是中国重要的科技、贸易、金融和信息中心,更是一个世界文化荟萃之地。上海已经发展成为一个国际化大都市,并致力于建设成为国际金融中心和航运中心。
>
> 　　2010年上海世界博览会的成功举办,给美丽的上海增添了一笔新的色彩。

母、蟾酥、地龙、刺猬皮、土鳖虫、鳖甲、龟甲、僵蚕、蝉蜕、水蛭、鸡内金、蜈蚣、牡蛎等;此外还有许多矿物性的药材,像萤石、磁石、滑石、紫石英、秋石、无名异、赤石脂、寒水石、自然铜、阳起石、琥珀、鹅管石和石膏等兼有分布。

◆梅雨时节话梅雨

　　晴雨多变的春天刚走,温文尔雅的初夏悄然走来,然而,当人们沉浸在初夏的阳光中的时候,天空又会云层密布,阴雨连绵,有时候还会夹带着阵阵暴雨,这些是居住在长江中下游的人们经常的体验,这也就是人们经常讲

中国的地形

到的梅雨季节。

梅雨是从我国江淮流域一直到日本南部每年初夏（6~7月）常常出现的一段降水量较大、降水次数频繁的连阴雨天气。那为什么把这个雨季称为"梅雨"呢？这还得从古代说起。

古代称梅雨为黄梅雨，早在汉代的时候，就有许多关于黄梅雨的谚语，晋代有"夏至之至，名曰黄梅雨"的记载。从唐代以来，更有很多妙趣横生的语言描述梅雨，其中，唐宋八大家之一柳宗元曾写过一首《梅雨》的诗，诗的内容是这样的："梅实迎时雨，苍茫值晚春，愁深楚猿夜，梦断越鸡晨。海雾连南极，江云暗北津，素衣今尽化，非为帝京尘。"诗句当中的"梅实迎时雨"就是指梅子成熟以后，迎来的便是夏至节气后的"三时"的"时雨"，也就是现在所说的从初夏向盛夏过渡的一段阴雨天气。

▲上海

由于在梅雨时节，空气湿度很大，水汽常常吸附在人们的衣物、书籍、家具和食品上，时间一长，招来霉菌滋生，因此，人们又赏给它一个别名叫"霉雨"，这在李时珍《本草纲目》中就有记载。

其实，一个地区的降水状况对经济发展起着巨大的推动作用，像江南地区那些无垠的稻田、苍翠的林木、青青的茶树、交错的港汊，个个都离不开梅雨季节雨水的滋润。当然如果遇到异常的梅雨也会给老百姓带来麻烦。异常的梅雨要么是雨量特大，来势凶猛，持续时间长；要么是出现空梅，梅雨期间雨量很少，造成严重的旱灾。

随着科技的进步和气象技术的不断发展，人们对梅雨的认识也越来越深入，在梅雨来临之前，这里的人们做好各项工作，充分利用其有利的一面，赢得了"两湖熟，天下足"和"江南鱼米之乡"的美称。

四大领海

▲舟山群岛

  广阔的大海，波涛汹涌，无边无际。大海不仅美丽，也是我国国土范围内极为重要的一部分。

  除去广阔的陆上领土外，我国还有浩瀚的"蓝色国土"——广大的领海，从渤海海域到南沙群岛。和陆上的国土一样，在广袤无垠的海域中，也包含了很多有趣的知识。下面就让我们一起来逐一认识我国的四大领海吧！

珍藏中国 中国的地形

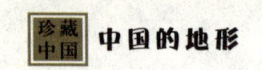

渤海

渤海，三面环陆，位于辽宁、河北、山东、天津三省一市之间。渤海的海域面积只有9.7万平方千米，是我国四大领海中面积最小的。不过，渤海也是我国最大的内海。它通过渤海海峡与黄海沟通，并以辽东半岛的老铁山与山东半岛北岸的蓬莱角间的连线成为与黄海的分界线。海峡口宽只有59海里，有30多个岛屿散布其间，其中较大的岛屿有南长山岛、砣矶岛、钦岛和皇城岛等，这些岛屿被称为庙岛群岛或者庙岛列岛，他们构成了八条宽窄不同的水道，地势险要。这些水道是京津地区重要的海上门户，有重要的国防意义。

渤海由北部的辽东湾、西部的渤海湾、南部的莱州湾、中央的浅海盆地和渤海海峡五部分组成。放眼眺望，渤海形如一个东北向西南微倾的葫芦，侧卧于华北大地东侧。葫芦的底部两侧即为莱州湾和渤海湾，顶部为辽东湾。

渤海有"十最"。最小领海，最大内海；由于它所处的纬度最高，又是我国最北的海，有"北海"之称；它是最靠近北京的海，紧紧地保卫着祖国的心脏；它是中国最浅的海，平均水深18米，最深处85米，20米以下的海域

▲ 渤海日落

知识链接

自从改革开放以来，我国经济开始飞速发展，渤海以其独特的区位优势，带动华北经济快速发展，并形成了渤海经济圈，成为中国北方经济发展的"引擎"，被经济学家誉为继珠三角、长三角之后引领中国经济增长的"第三极"。

环渤海经济圈主要是以京津冀、辽东半岛、山东半岛为主的环渤海经济带，同时延伸辐射到山西、辽宁、山东及内蒙古中东部，总面积110多万平方千米。这里也是中国港口、工业最密集的地区之一。

环渤海经济圈处在东北亚经济圈的中心地带，与亚洲的两大发达国家韩、日咫尺相望。独特的地缘优势不仅为承接国内经济增长的重心北移提供了有利的环境和条件，而且具有承接国际产业转移的独特优势。我国政府也正在将环渤海经济圈打造成为中国北部经济的领头雁。

环渤海地区经济基础良好，经过二十多年的增长积淀，已经拥有了快速发展的优良平台。首先，这里交通体系建设完备，海陆空交通发达，京津冀之间的快速通道又促进了其内部的联系。振兴东北老工业基地战略的实施，环渤海地区的资源优势和重化工优势逐渐显现，在此基础上，加上雄厚的科技实力，新兴的电子信息、生物制药、新材料等高新技术产业也发展迅猛，在未来创新发展中潜力巨大。

2008年的北京奥运会，不仅是全世界的一个体育竞技盛会，还为环渤海经济圈的发展注入强大的发展动力；首都北京作为环渤海经济圈的核心，以其特有的魅力吸引着国际资本注入此区域，同时在国际经济中心不断向亚太地区转移的大趋势下，环渤海经济圈成为拉动中国经济发展的强劲"第三极"。

面积占一半以上；它还是我国最淡的海，主要是由于河流不断补给，冲淡了海水的咸度；由于有世界上含沙量最大的河流——黄河，日夜不停地给它输送泥沙，所以在渤海的沿岸地区水色混浊，因而还是我国最混浊的海；因它所处纬度较高，冬季水温在0℃左右，所以又是最冷的海；辽东湾盛产毛虾，因而又是出产毛虾最多的海；这里有我国最大的人工港——天津新港，这是华北地区的重要港口，是华北地区进出口货物的集散港。

过去的数十年中，丰富优质的渔业、港口、石油、景观和海盐资源，使得环渤海地区经济具有快速发展的显著特征。海洋资源的开发和海洋工业成为该地区经济发展的重要领域之一。下面，让我们逐一展示渤海丰富的资源。

首先，这里水质肥沃，营养盐含量高，饵料生物十分丰富，浮游植物年生产量1.4亿吨，鱼类年生产量49万吨。其中，虾、毛虾、小黄鱼、带鱼是最重要的经济种类。渤海是环渤海渔业的摇篮，是多种鱼、虾、蟹、贝类繁殖、栖息、生长的良好场所，有"聚宝盆"之称。

第二，渤海港口具有分布密度高，大型港口及能源出口港多，自然地理条件好，经济发达，腹地广阔，资源丰富等优势，是中国北方对外贸易的重要海上通道。目前，这里已建和宜建港口的地方有100多处。

第三，渤海石油和天然气资源十分丰富，整个渤海地区就是一个巨大的含油构造，滨海的胜利、大港、辽河油田和海上油田连成一片。

▲辽东半岛大连港码头

第四，渤海沿岸自然风景优美，名胜古迹众多，充分具备了以阳光、海水、沙滩、绿色、动物为主题的温带海滨旅游度假资源条件。

第五，渤海是中国最大的盐业生产基地，底质和气候条件非常适宜盐业生产。中国四大海盐产区中，渤海就有长芦、辽东湾、莱州湾三个。莱州湾沿岸地下卤水储量丰富，达76亿立方米，折合含盐量8亿多吨，是罕见的储量大、埋藏浅、浓度高的"液体盐场"。

说到渤海这些资源，就不能不说为这些资源打下良好基础的海底。渤海海底平坦，多为泥沙和软泥，地势呈由三湾向渤海海峡倾斜态势。海岸分为粉沙淤泥质岸、沙质岸和基岩岸三种类型。渤海湾、黄河三角洲和辽东湾北岸等沿岸为粉沙淤泥质海岸，滦河口以北的渤海西岸属沙砾质岸，山东半岛北岸和辽东半岛西岸主要为基岩海岸。

黄海

黄海是中国华北的海防前哨，也是华北一带的海路要道。因为古时黄河水流入，江河搬运来大量泥沙，使海水中悬浮物质增多，海水透明度变小，故呈现黄色，黄海之名因此而得。

黄海处在中国大陆与朝鲜半岛之间，西面和北面与中国大陆相接，西北面经渤海海峡与渤海相通，东邻朝鲜半岛，南以长江口北岸的启东嘴与济州岛西南角连线同东海相连，东南至济州海峡西侧并经朝鲜海峡、对马海峡与日本海相通。黄海面积约为38万平方千米，最深处在黄海东南部，约为140米。山东半岛深入黄海之中，其顶端成山角与朝鲜半岛长山列岛之间的连线，将黄海分为南、北两部分。

北黄海指山东半岛、辽东半岛和朝鲜半岛之间的半封闭海域，海域面积约8万平方千米，平均水深40米，最深处在白翎岛西南侧，为86米。南黄海是长江口至济州岛连线以北的椭圆形半封闭海域，总面积约30万平方千米，平均水深为45.3米，最深处在济州岛北侧，为140米。

▲黄花鱼

黄海东部和西部海岸线曲折、岛屿众多。黄海主要海湾西有胶州湾、海州湾，东有朝鲜湾、江华湾等；主要岛屿有长山列岛以及朝鲜半岛西岸的一些岛。

黄海受季风气候的影响，冬季寒冷干燥，夏季温暖潮湿，盛行偏北风，经常受到来自东海北上台风的袭击，但是黄海的水温年变化小于渤海，为15℃～24℃。黄海海水的盐度也较低，为32‰。黄海沿岸气候方面还有个特点，那就是冬、春季和夏初，沿岸多海雾，尤以7月最多。黄海西部成山角至小麦岛，北部大鹿岛到大连，东部从鸭绿江口、江华湾到济州岛附近沿岸海域为多雾区。其中成山角年均雾日为83天，最多一年达96天，最长连续雾日长达27天的记录，有"雾窟"之称。

知识链接

黄海生物资源丰富，种类繁多。浮游生物以温带种占优势，一年内浮游生物的数量在春、秋两季出现两次高峰。在海区的东南部，夏、秋两季还有热带种渗入，因而这里带有北太平洋暖温带区系和印度-西太平洋热带区系的双重性质。

然而，黄海中的热带种是外来的，具有显著的季节变化，因此黄海的浮游生物基本上仍以暖温带的浮游生物为主，种数由北向南逐渐增多。黄海海区最主要的浮游生物资源是中国毛虾、太平洋磷虾和海蜇等。

在黄海中的动物中，鱼类占主要地位，共有300多种，主要的经济鱼类有小黄鱼、带鱼、鲐鱼、鲅鱼、黄姑鱼、鳓鱼、太平洋鲱鱼、鲳鱼、鳕鱼等。此外，还有金乌贼、枪乌贼等头足类和鲸类中的小鳁鲸、长须鲸和虎鲸等。

在黄海沿岸的浅水区里，海底动物在数量上占绝对优势，它们主要是以广温性低盐种为主，基本上属于印度-西太平洋区系的暖水性成分。但在黄海冷水团所处的深水区域，则以北方真蛇尾为代表的北温带冷水种群落所盘踞。因此，从整个海区来看，底栖动物区系具有较明显的暖温带特点。底栖动物资源十分丰富，可供食用的种类，最重要的是软体动物和甲壳类。经济贝类资源主要有牡蛎、贻贝、蚶、蛤、扇贝和鲍等，经济虾、蟹资源有对虾（中国对虾）、鹰爪虾、新对虾、褐虾和三疣梭子蟹，棘皮动物刺参的产量也较大。

黄海的海底植物可划分为东、西两部分，也以暖温带种为主。西部冬、春季出现个别亚寒带优势种；夏、秋季还出现一些热带性优势种。底栖植物资源主要是海带、紫菜和石花菜等。由于有这些种类丰富、数量庞大的生物资源，在黄海海域就形成了烟威、石岛、海州湾、连青石、吕泗和大沙等良好的渔场。

黄海不仅有丰富的生物资源，在南黄海盆地中还有巨厚的中、新生代沉积，具有很好的油气资源远景。其他矿产资源主要有滨海砂矿，山东半岛近岸区还发现有丰富的金刚石矿床。

再看黄海的海流情况，黄海海流微弱，流速通常只有最大潮流速度的十分之一左右。表层流受风力制约，具有风海流性质。在盛行偏北风季节，多偏南流；在盛行偏南风季节，多偏北流。黄海环流主要由黄海暖流（及其余脉）和黄海沿岸流所组成。黄海暖流是对马暖流在济州岛西南方伸入黄海的一个分支（有人称为"对马暖流西分支"），它大致沿黄海槽向北流动，它是黄海外海水的主要来源，具有高盐（冬季兼有高温）特征，但在北上途中逐渐变性。当它进入黄海北部时已成为余脉，再向西转折，经老铁山水道进入渤海时，势力已相当微弱。

黄海沿岸流是黄海沿岸流系（包括西朝鲜沿岸流、辽南沿岸流、苏北近岸局部性沿岸流等）中的一支，是低盐（冬季兼低温）水流，水色混浊，流速小于25厘米/秒。它上接渤海沿岸流，沿山东半岛北岸东流，在成山角附近转向南或西南流，绕过成山角后大致沿40～50米等深线的走向南下，在长江口北转向东南，越过长江浅滩侵入东海，其前锋有时可达北纬30°附近。这支沿岸流在山东半岛北岸一带流幅较宽，夏季最宽时可达50余千米。在成山角一带，流幅变窄，流速增大，越过成山角后流速剧减，而自海州湾往南，流速又渐增，黄海沿岸流流速最大区在山东半岛北岸、成山角外和大沙渔场附近。

黄海暖流和黄海沿岸流的基本流向终年比较稳定，流速皆有夏弱冬强的变化。黄海暖流及其余脉北上，而黄海沿岸流南下，形成气旋式的流动。夏

▲黄海风光

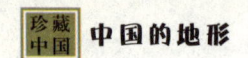

季，特别是在北黄海，这一气旋式的流动因黄海冷水团密度环流的出现而趋于封闭。与此同时，黄海环流的流速也得到加强。

黄海寒暖流交汇，水产丰富，特别是渤海和黄海沿岸地势平坦，面积宽广，适宜晒盐。例如，著名的长芦盐区、烟台以西的山东盐区以及辽东湾一带都是我国重要的盐产地。

东海

▲东海

东海是中国三大边缘海之一，通称"东中国海"。它北起中国长江口北岸到韩国济州岛一线，与黄海毗邻，东北面以济州岛、五岛列岛、长崎一线为界，南以广东省南澳岛到台湾省本岛南端一线同南海为界，东至日本琉球群岛。东海的面积大约是70万平方千米，平均水深在1 000米，最深处在冲绳岛西侧（冲绳海槽），约为2 700米。

东海海水透明度较大，能见到水下二三十米。东海海域比较开阔，大陆流入东海的江河，长度超过一百千米的河流有40多条，其中长江、钱塘江、瓯江、闽江等四大水系是注入东海的主要江河。因而，东海形成一支巨大的低盐水系，成为中国近海营养盐比较丰富的水域。又因东海位于亚热带，气候利于浮游生物的繁殖和生长，是各种鱼虾繁殖和栖息的良好场所，也是中国海洋生产力最高的海域。东海有中国著名的舟山渔场，盛产大小黄鱼和墨鱼、带鱼。

东海的大陆海岸线曲折，岛屿星罗棋布，中国一半以上的岛屿分布在这里。港湾众多，如上海港位于长江下游黄浦江口，这里航道深阔，水量充沛，江内风平浪静，宜于巨轮停泊。

◆舟山渔场

喜欢吃海鲜的大家，知道我国最大的海洋渔业生产地在哪里吗？

舟山渔场就是我国最大的近海渔场，它与日本的北海道渔场、加拿大的纽芬兰渔场、秘鲁的秘鲁渔场齐名。舟山渔场处于东海北部、长江口东南外海，在钱塘江口外、长江口渔场之南，面积约1 4350平方海里。渔民习惯按各作业海域，把舟山渔场划分为大戢渔场、嵊山渔场、浪岗渔场、黄泽渔场、岱衢渔场、中街山渔场、洋鞍渔场和金塘渔场。

> **知识链接**
>
> 舟山群岛是我国沿海最大的群岛，素有"千岛之乡"的美称。它们散落在长江口以南、杭州湾以东的浙江省北部海域。舟山群岛岛礁众多，星罗棋布，共有大小岛屿1 390个，约相当于我国海岛总数的20%，分布海域面积22 000平方千米，陆域面积1 371平方千米。其中1平方千米以上的岛屿58个，占该群岛总面积的96.9%。南部大岛较多，海拔较高，排列密集；北部多为小岛，地势较低，分布较散，主要岛屿有舟山岛、岱山岛、朱家尖岛、六横岛、金塘岛等。其中舟山岛最大，面积为502平方千米，为我国第四大岛。
>
> 舟山群岛风光秀丽，气候宜人。这里秀岩嶙峋，奇石林立，异礁遍布，拥有两个国家海上一级风景区。著名岛景有海天佛国普陀山、海上雁荡朱家尖、海上蓬莱岱山等。东海观音山峰峦叠翠，山上山下美景相连，人称东海第二佛教名山。岛上奇岩异洞处处，山峰终年云雾笼罩。枸记山岛巨石耸立，摩崖石刻处处可见。黄龙岛上有两块奇石，如同两块元宝落在山崖。大洋山岛溪流穿洞而过，水声潺潺。美丽的景点数不胜数。

珍藏中国 **中国的地形**

舟山渔场之所以能够发展成为我国最大的近海渔场，主要是因为这里有着良好的自然环境。首先，这里是沿岸（冷）流与黑潮（日本暖流）的交汇处，有浅海大陆架，可以提供丰富的饵料。其次，这里有河川径流（长江和钱塘江）注入，有利于饵料的生长。

▲舟山渔场的渔船

舟山渔场主要捕捞的水产品有带鱼、小黄鱼、大黄鱼、绿鳍马面鲀、白姑鱼、鲳鱼、鳓鱼、蓝点马鲛、鲐鱼、鲹鱼、海蜇、乌贼、太平洋褶柔鱼、梭子蟹、细点圆趾蟹和虾类等，其中，大黄鱼、小黄鱼、带鱼和乌贼为舟山渔场捕捞量最多的资源群体，被称为"四大渔产"。

南海

南海是我国最大、最深的海，也是仅次于珊瑚海和阿拉伯海的世界第三大陆缘海。南海位于我国大陆的南方，居于太平洋与印度洋之间的航运要冲。

从东海往南穿过狭长的台湾海峡就进入了汹涌澎湃的南海，通过巴士海峡、苏禄海和马六甲海峡等，南海与太平洋和印度洋相连。它的北边是中国的广东、广西、福建和台湾四省，东南边是菲律宾群岛，西南边是越南和马来半岛，最南边的曾母暗沙靠近加里曼丹岛。

▲南海西沙群岛石碑

二 | 地大中国

▲ 西沙群岛南沙洲

　　浩瀚的南海是祖国最广阔的蓝色国土，总面积约有356万平方千米，相当于16个广东省的土地面积，或者说是全国陆地面积的36%。最南边的曾母暗沙距离大陆有2 000多千米，这个距离比广州与北京之间的距离还要远。南海也是我国最深的海区，平均水深约1 212米，中部深海平原中最深处甚至达到5 567米。

　　注入南海的河流主要有珠江、红河、湄公河、湄南河等。这些河的含沙量很小，所以海阔水深的南海总是呈现碧绿或深蓝色。由于南海处在低纬度地区，因此它是我国海区中气候最暖和的热带深海。南海海水终年高温高湿，长夏无冬。由于蒸发量大，南海的盐度达到了3.5%。

　　这样充满热带风情的海水非常适于珊瑚繁殖。南海中分布着许许多多的珊礁碓和珊瑚岛，它们像一颗颗璀璨的明珠镶嵌在湛蓝的海面上。这些岛礁总称南海诸岛。南海诸岛按照地理位置分为东沙群岛、西沙群岛、中沙群岛、曾母暗沙、南沙群岛和黄岩岛。它们的陆地面积与海洋相比，几乎可以忽略不计。然而，这些岛屿却是中国在南海中不可分割的领土。勤劳智慧的中国人民，很早就有在这些岛屿上活动的记载。

中国的地形

在这广袤的大海下面,埋藏着复杂多样的地形。其中主要以大陆架、大陆坡和中央海盆三个部分呈环状分布。南海的海底地势东北高、西南低,中央海盆位于南海中部偏东,大体呈扁的菱形。大陆架沿大陆边缘和岛弧分别以不同的坡度倾向海盆中。其中,北部和南部大陆架的面积最广。

在中央海盆和周围大陆架之间是陡峭的大陆坡,分为东、南、西、北四个区。南海海盆在长期的地壳变化过程中,形成了深海海盆。南海诸岛就是在海盆隆起的台阶上形成的。东沙群岛位于北陆坡区的东沙台阶上;西沙群岛和中沙群岛则扎根于西陆坡区的西沙台阶和中沙台阶上;南沙群岛形成于南陆坡区的南沙台阶上。

提到这些群岛,就不能不介绍这里大大小小的岛礁,按照他们在海面上下的位置将其划分为五大类,分别是岛、沙洲、暗礁、暗沙、暗滩。

岛是露出海面、地势较高、四面环水的陆地。岛的形成时间较长,陆地形状不易受台风吹袭而变形,面积相对较大,一般有植物生长。这些岛屿基本上是海洋岛。海洋岛又有珊瑚岛和火山岛之分。珊瑚岛又有沙岛和岩岛之分。沙岛是由珊瑚碎屑、贝壳碎屑和其他沙粒堆积在珊瑚礁礁盘上,日积月累而形成的珊瑚沙岛。南沙、西沙、中沙群岛的绝大部分是这一类岛屿。岩岛是由珊瑚砂岩和珊瑚石灰岩结成的坚固的珊瑚岩岛,西沙群岛中的石岛就是一个典型的岩岛。火山岛是由海底火山喷发物质堆积而成的岛屿。西沙群岛中的高尖石是南海诸岛中唯一的火山岛。上述的岛屿在我国渔民中称之为"峙"、"峙仔"。

沙洲是已经露出海面的陆地,一般不被海潮淹没,只是台风和大潮来时才被淹没。沙洲的外形不稳定,面积较小,由于受潮水冲刷,植物很少生长。沙洲和沙岛一样,是由大量松散的珊瑚碎屑、贝壳碎屑和其他泥沙堆积在礁盘上而形成的。沙洲和沙岛的区别在于沙岛的形状稳定,沙洲则不稳定。此外,沙洲和沙岛在离海面高低、面积大小、植物多寡等方面也都不同。我国渔民一般把两者都称为"峙"、"峙仔"或"沙帽",有时候也会把称为沙洲"沙仔"。

暗礁也称礁,是接近海面的珊瑚礁体。涨潮时多数被淹没,退潮时多数可露出水面。有巨大礁盘的暗礁,经过地壳上升的作用,或者经过海浪的冲

二 地大中国

▲椰子树

积，会逐渐形成沙洲。我国渔民把暗礁称为"线"、"沙"、"铲"等等。

暗沙是淹没在水下的较浅的珊瑚沙层或珊瑚礁滩，海水最低潮时也露出水面。也可以说它是水下的珊瑚沙洲。我国最南的领土曾母暗沙就是这一类的沙洲。曾母暗沙的面积有2.12平方千米，最浅处仅有17.5米。我国渔民把暗沙称为"线排"、"沙排"。

暗滩也称滩，是隐伏在水面以下较深处的珊瑚礁滩地。暗滩由海底突起，滩面呈广阔平坦的台状，偶有礁墩向上隆起，甚至上升到海面附近。我国渔民称之为"廓"。

南海和南海诸岛全部在北回归线以南，接近赤道，属于赤道带、热带海洋性季风气候，有着独特的特点。首先，这里接受的太阳辐射量较多，终年高温，但有广阔的海洋及强劲的海风调节，并无酷热。一年中气温变化不大，即使是冬季来自内蒙古高原的冷空气进入南海时，冷势力也已经奄奄一息，对南海诸岛的影响不大，寒冷的冬季在这里没有展露拳脚的空间，这里真是所谓的"四时皆夏"。

雨量充沛是其另一个特点，这里有丰富的水汽来源，大量水汽受各种各样条件的作用形成丰沛的降水，其中台风雨约占三分之一，但是雨量的季节分配不均，集中在夏季，这个时节的降水量占全年总降水量的70%左右。

第三个特点是季风显著。南海热带海洋性季风气候非常明显，每年10月以后，从西伯利亚和内蒙古高原吹来的冬季气流不断奔向我国南方海洋。所以南海与南海诸岛每年11月至次年3月盛行东北季风；每年4月开始，南海与南海诸岛转而受热带与赤道海洋气团的影响，5月至9月盛行西南季风；4月和10月是季风转换时期。受其影响，南海的海流也有明显的季风特点，夏天流向东北，冬天流向西南。

第四个显著的特点是南海受台风影响程度大。这些台风70%来自于菲律宾以东的西太平洋洋面和加罗林群岛附近洋面，30%的源自南海的西沙群岛和中沙群岛附近海面。进入南海的台风对南海诸岛的影响非常巨大。台风风力狂虐，裹挟暴雨，掀起巨浪，往往对海上航运、海上生产和海岛建设造成一定的灾害。但是，台风也有其有利的一面，它使南海诸岛、海南岛以及我国东南大部分地区上空形成丰沛的降水过程，对解除干旱或缓解干旱起很大作用。

这样的气候条件给广袤的南海带来了丰富的热带海产。此外，南海海底的石油与天然气蕴藏丰富，据初步估算，南海海底石油蕴藏量约200亿吨。

◆细数蓝色国土上的宝藏

广阔的南海，资源丰富。从海底到海面，再延伸到海岸，到处闪动着宝藏的光芒。

首先让我们潜入海底，了解一下南海海底世界吧！

南海海底蕴藏有储量巨大的石油和天然气资源，蕴藏量约200亿吨，有"第二波斯湾"之称，特别是南沙群岛的曾母暗沙盆地是南海石油和天然气开发最好的地区之一。西沙群岛、中沙群岛的水下阶地也有上千米的新生代沉积物披复，这些沉积物与我国北部湾、海南岛的新生代沉积物有密切的联系。因此也是海底石油和天然气大有希望的产地。

接着，让我们开动马力，游到上层，观赏海中游动的精灵。南海中的鱼类有1 500多种，主要有马鲛鱼、石斑鱼、红鱼、鲣鱼、带鱼、宝刀鱼、海鳗、沙丁鱼、大黄鱼、燕鳐鱼、乌鲳鱼、银鲳鱼、金枪鱼、鲨鱼等。特别是马鲛鱼、石斑鱼、金枪鱼、乌鲳鱼和银鲳鱼等，产量很高，是远海捕捞的主要品种，金枪鱼、鲨鱼等是我国其他海区罕见的大洋性鱼类。

▲鹦鹉螺

海龟是海洋中少有的几种爬行动物之一。我国东、西、南、中沙群岛是海龟的"故乡"。每当4～8月，大量的海龟随着暖流从临近海域进入南海，在西南中沙群岛的岛屿礁滩交配，爬上沙滩产卵。龟卵靠沙滩的温度自然孵化出小海龟。成年海龟体长1米左右，重约100～200千克。它们有较高的经济价值，肉和蛋都可食用，味道鲜美，营养丰富。龟板可制成龟板胶，是较高级的营养补品。龟掌、龟血、龟油及龟脏都可入药，对肾亏、肺药、胃出血、肝硬化等多种疾病均有一定疗效。海龟中还有一种很珍贵的品种——玳瑁，外形与"绿蠵龟"相似，因其背甲鳞共有十三块，俗称"十三鳞"。鳞片质地优良，花纹美丽，光泽透亮，适宜制作珍贵的装饰品。

海参也是热带海洋中一种名贵的海产品，其营养价值与鱼翅、燕窝齐名。海参种类很多，全世界有约40种海参可供食用，西沙群岛就出产20种。西南中沙群岛的海参素以种类多、分布广、参体大、品质优良著称于世。其中以白乳参，乌乳参和梅花参最为珍贵。梅花参号称"参中之王"，为著名的大形食用海参，大者体长1米有余，重10～15千克。梅花参加工成干品后肉厚脆嫩，炖食不仅美味可口，而且营养丰富，滋补性非常显著。

▲东岛白鲣鸟

南海中的海贝种类繁多，约有250多种。它们有的可以食用，有的则具有很高的观赏价值。食用贝产量较大的有大马蹄螺、篱凤螺、砗磲、鹦鹉螺等。大马蹄螺也称"公螺"，分布广阔，较易捕捞，产量很高，肉肥鲜美，是重要的经济贝类。篱凤螺产量也很可观，分布在浅水礁滩上，人们唾手可得，制成干品，肉味与营养均属上乘。"海贝之最"要数砗磲，也作"车磲"，俗称"蚵"、"大蚵"，大者如盆，重达数百斤。以大者为佳，肉质

知识链接

为了更好地开发、利用和保护海洋，我国政府及广大海洋工作者正在不断加强海洋的研究与保护，不断强化海洋保护措施。在东、西、南、中沙群岛，已经划定的自然保护区和设立的保护项目主要有五个：

1. 东岛白鲣鸟自然保护区。白鲣鸟，全身洁白，渔民们称它为"鸟白"，是东、西、南、中沙群岛的主要鸟类，主要集中在西沙群岛的东岛。白鲣鸟颇善飞行，早出晚归，飞行方向随季风变化很有规律，被渔民亲切地称为"导航鸟"。人们根据鲣鸟的飞行规律确定航行方向和岛屿位置。自古以来，在渔民中是禁止捕杀鲣鸟的，1981年我国政府划定东岛为白鲣鸟自然保护区。东、西、南、中沙群岛办事处派出专人上岛管理。驻岛人员大量植树造林，为鸟类提供栖息场所，在风季或雨天，救助幼稚小鸟；并教育过往人员，保护岛上生态环境和保护鸟类资源。

现在，东岛白鲣鸟自然保护区环境优良，鸟类生长繁衍如常。全岛已有鸟类50多种，白鲣鸟约3万只，成为名副其实的海鸟的天堂。

2. 保护造礁珊瑚。人们通常所说的珊瑚，是海洋生物中一种低等动物——珊瑚虫，属于腔肠动物，它生长在盐度正常、透明度好、水温18℃以上、离水面较浅的热带海洋中。西、南、中沙群岛海域有非常适宜珊瑚生长的环境，共有造礁珊瑚40属、134种和亚种。珊瑚从海中猎取浮游动物、吸收营养、不断地生长繁殖，并从身上分泌出一种石灰质，死亡后留下它的石灰质外骨骼。珊瑚礁就是由这些细小的珊瑚经过几百年、几千年的沉积而形成岛礁的。保护珊瑚，就是为珊瑚生长提供有利的繁殖环境和条件，促进各岛礁环礁地形的发育。

在西、南、中沙群岛的居民和流动渔民当中，保护造礁珊瑚已经形成长期的自觉行动。不向珊瑚礁盘上排放生产和生活废水，保护海水清净；不在珊瑚环礁的礁盘上践踏或采集珊瑚。一直以来，西、南、中沙群岛各岛屿礁滩的造礁珊瑚得到良好的保护。

3. 保护渔场鱼类资源。捕捞业是东、西、南、中沙群岛经济发展主要产业，广阔的海场和丰富的鱼类，每年吸引大批渔民来岛作业。由于我国远海捕捞技术还比较落后，在东、西、南、中沙群岛的捕场的浦捞量远未超过鱼类资源的再生能力。但是，大量的捕捞

知识链接

特别是某些经济价值较高的鱼类的集中捕捞，已经使鱼类资源有了减少的趋势，引起了有关方面的重视。东、西、南、中沙群岛水产渔政部门不断加强对来岛作业渔民的教育，不断加强对渔场的行政管理，严禁滥捕滥杀，严禁在渔场炸鱼、毒鱼、电鱼。

4. 保护海龟。海龟是少数几种海洋爬行动物之一，是世界性保护的海洋动物。多年以来，我国政府就把海龟列为国家二类保护动物加以保护。严禁捕捉海龟，严禁买卖海龟，严禁拾取龟蛋，严禁破坏海龟生长海域和海岛的生态环境。现在每当夏季西南季风盛行时，随西南暖流从斯里兰卡、印度尼西亚、马来西亚附近海区进入东、西、南、中沙群岛的海龟愈来愈多，它们在各岛屿礁盘上交配，爬上沙滩产卵，许多还滞留在岛屿礁盘上越冬。

5. 保护几种国家珍稀的海洋动物。在东、西、南、中沙群岛，列为国家一级保护动物有以下几种：

红珊瑚，属腔肠动物类。同其他珊瑚一样，终生水螅型，红珊瑚由中胶层形成骨骼，骨质坚硬，颜色艳美，状如繁枝之树，出产极其稀少。可作高级装饰品。

库氏砗磲，属软体动物类。壳大而厚，略呈三角形；壳面有高垄，垄上有重叠的鳞片。壳内光泽平滑。砗磲硬壳是古称七宝之一，与金银、琉璃、玛瑙、珊瑚、琥珀、珍珠齐名。其肉可食用，视为稀品。

鹦鹉螺，属软体动物类。其壳甚大，平旋而无顶。表面灰白，内面具有美丽的珍珠光泽。栖息海底，夜间群游海中。现为珍稀动物之一，很难捕获。

鲜美，已属佳品，其闭壳肌（俗称"蚵筋"）更是海产天然食品中的极品，食吃时撕成细条丝状，一丝入口，久嚼其味尤鲜。

观赏贝类也是南海重要的"土特产"。品种繁多，形状各异，色泽鲜艳，光彩夺目，不仅供观赏，也是制作名贵工艺品的重要原料。虎斑贝、唐冠螺、眼球贝、蜘蛛螺等是其中珍品。

其他海产主要有软体类动物、甲壳类动物和藻类。软体类除了上面介绍的贝类以外，还有驰名的鱿鱼、墨鱼、章鱼等等；甲壳类的螃蟹、龙虾等等。这些都是西南中沙群岛的主要海产。热带海藻类资源也极其丰富，是我

二 地大中国

▲白鲣鸟

国主要的产区之一，经济价值较高的有：石花菜、麒麟菜、马尾藻、紫菜等等。

观完水中世界后，当你探出海面，你的目光一定会被展翅飞翔的海鸟所吸引。在东、西、南、中沙群岛大部分岛屿上，林木茂盛，花草遍地，四时如夏，岛屿周围广阔的海面上有丰富的海洋食料，吸引着大批的鸟类在这里繁衍生长。南海诸岛上的鸟类共计有60多种。比较常见的有白鲣鸟、军舰鸟、海鸥、蓝翡翠鸟、锈眼鸟等等。

白鲣鸟体形似鸭，成鸟重约1千克，周身洁白，当地人称"鸟白"；两翼较长，颇善飞行，在海上觅食早出晚归，飞行很有规律，渔民们根据其飞行方向可确定航行路线和岛屿位置，故把这种鸟称为"导航鸟"。它们大部分聚集在西沙群岛的东岛（也称"鸟岛"），与麻枫桐树相互依存。据估计，现在东岛有白鲣鸟约3万只。每逢鸟类早出晚归之时，东岛上空成千上万只白鲣鸟穿梭飞行，白茫茫一片，遮天蔽日，煞是壮观。

海鸟可供食用、药用，还可以制成标本工艺品供观赏，是一种可观的

珍藏中国 **中国的地形**

▲ 珊瑚礁和守岛船

资源。大量的海鸟在各岛屿上留下丰富的鸟粪，千百年来堆积成厚厚的鸟粪层，有的岛屿竟厚达1米以上，储量十分丰富。鸟粪土富含有机质、氮、磷、钙等，是一种很好的天然肥料。

这样的肥料和这样的气候条件为植物生长创造了良好的生存环境。在南海岛礁的土地上，生长着200多种高等植物，人工栽培的有50多种，它们都有耐高温、耐旱、喜钙、嗜肥的特征。

在形成时间较长和面积较大的几个主要岛屿上，都生长有茂密的树林。一般以麻枫桐树组成的纯林为主，称为"热带海岛型常绿林"。麻枫桐树，树高10米左右，树径30～50厘米；树枝横生，粗大短壮，从根部到树顶都可生长叶子，叶色淡绿带白，故又名"白避霜花"。麻枫桐树往往丛生在一起，长成森林。对海鸟来说，枝杈较多，易于筑巢，且树要茂密可抵御风雨。这里到处可见一种长成一簇簇、密不透风、葱绿欲滴的灌木丛林，这就是草海桐，也称"羊角树"，属热带常绿灌木。草海桐多生长在珊瑚石沙地或瘦瘠的沙滩上，在有些岛屿上，折枝插地就能生长，密密麻麻，几乎覆盖整个岛屿。草海桐的生长对保护岛屿的沙滩、改善岛屿生态环境起到很好的作用。

人工栽培的植物也不少，典型的有椰子树和木麻黄。椰子树高20～30米，挺拔秀丽，不怕烈日，喜沐海风，非常适合在各岛屿种植。海南岛的渔民在很早以前就将椰子树移植到岛屿上。高耸的树冠可作为海上航行的标志，长成的椰子果又可作为果实收获。现在，在有植被的每个岛屿上都有椰子树生长，有人群居住和渔民们经常过往的岛屿上更是蔚然成林，郁郁葱葱，硕果累累。另外，各岛屿还种植各种热带水果、部分粮食作物和多种蔬菜。

除了上述之外，东、西、南、中沙群岛岛礁上秀丽的热带海岛环境和海域中波澜壮阔的自然景色是开发海洋旅游的潜在资源。现代科学还发现海洋中蕴藏巨大的潮汐能、波能、温差能、密度差能、压力差能等海洋动力资源，若能科学地加以利用，其社会和经济效益将不可估量。

◆资源保护

南海的资源如此丰富，人们在开发的同时，往往会造成对环境的破坏。现在，人们意识到了资源和环境保护的重要性，并在开发的过程中更加重视保护工作了。

东、西、南、中沙群岛开发的历史极其漫长。很早以前，中国人民就懂得在经营、开发岛屿和利用海洋资源时，加以相应保护。例如，在诸多岛屿礁滩上种植林木、放养的各种陆生动物，给海岛营造了良好的生态环境，这是我们的祖先留给后代的宝贵遗产。新中国成立后，东、西、南、中沙群岛的海洋环境、自然资源的保护工作得到有关方面的高度重视和鼎力支持。

就目前来说，东、西、南、中沙群岛的岛屿礁滩及其海域的环境已经得到了很好的保护，但不容忽视的是，海洋捕捞和海岛开发过程中出现的一些不端行为，给海洋资源和生态环境带来了不同程度的破坏。海洋污染出现了从滨海向深海蔓延的趋势。同时，远海航运、深海开发产生的废弃物质也不同程度地影响到海洋的自然环境。

珍藏中国 中国的地形

三 景致中国

从古到今,无数诗人墨客面对着祖国的美丽风光,留下了数不胜数的名句佳作:"若把西湖比西子,淡妆浓抹总相宜","春江潮水连海平,海上明月共潮生";"日照香炉生紫烟,遥看瀑布挂前川"……不过,祖国壮美奇丽的风光,不仅仅凝聚在这些美丽的句子里,也凝聚在我们每个人的眼中,凝聚在每个人的脚下。古人说:"读万卷书,行万里路。"就让我们用文字和图片带领着大家,开始一次充满惊喜的神州之旅吧!

群山环绕

珠穆朗玛峰

珠穆朗玛峰，简称珠峰，又意译作圣母峰，位于中华人民共和国和尼泊尔交界的喜马拉雅山脉之上，海拔8 844.43米，终年积雪，是世界第一高峰。

藏语中的"珠穆朗玛"就是"大地之母"的意思，珠穆朗玛在藏族神话中被认为是五位仙女中的第三女神。她是万山之尊、地球之巅，又被称为地球的第三极（和南极与北极相对应）。

珠穆朗玛峰山体呈巨型金字塔状，威武雄壮，昂首天外，地形极端险峻，环境异常复杂。雪线高度在北坡为5 800～6 200米，南坡为5 500～6 100米。东北山脊、东南山脊和西山山脊中间夹着三大陡壁（北壁、东壁和西南壁），在这些山脊和峭壁之间又分布着548条大陆型冰川，总面积达1 457.07平方千米，平均厚度达7 260米。冰川的补给主要靠印度洋季风带两大降水带积雪变质形成。冰川上有千姿百态、瑰丽罕见的冰塔林，又有高达数十米的冰陡崖和步步陷阱的明暗冰裂隙，还有险象环生的冰崩区、雪崩区。

珠峰不仅巍峨宏大，而且气势磅礴。在它周围20千米的范围内，群峰林立，山峦叠嶂。仅海拔7 000米以上的高峰就有40多座，较著名的有南面3 000米处的"洛子峰"（海拔8 463米，世界第四高峰）和海拔7 589米的卓穷峰，东南面是马卡鲁峰（海拔8 463米，世界

▲山顶飘扬的国旗

第五高峰），北面3 000米是海拔7 543米的章子峰，西面是努子峰（7 855米）和普莫里峰（7 145米）。在这些巨峰的外围，还有一些世界一流的高峰遥遥相望：东南方向有世界第三高峰干城嘉峰（海拔8 585米，尼泊尔和锡金的界

峰）；西面有海拔7 998米的格重康峰、8 201米的卓奥友峰和8 012米的希夏邦马峰。它们形成了群峰来朝、峰头汹涌的波澜壮阔的场面。

珠峰所在的喜马拉雅山地区原是一片海洋，在漫长的地质年代，从陆地上冲刷来大量的碎石和泥沙，堆积在喜马拉雅山地区，形成了这里厚达3万米以上的海相沉积岩层。以后，由于强烈的造山运动，使喜马拉雅山地区受挤压而猛烈抬升。据测算，这里的地层平均每一万年大约升高20米～30米，直至今天，喜马拉雅山区仍处在不断上升之中。

▲珠穆朗玛峰

作为世界上的第一高峰，珠峰高度的变化也引出许多争议。1975年7月23日，中国政府授权新华社向全球宣布：中国测绘工作者精确测得世界最高峰——珠穆朗玛峰的海拔高度为8848.13米。这一数据得到了全世界的认可，从此在权威的地图等出版物中，珠峰高度为海拔8 848米或8 848.1米。

周围其他国家也都曾测量珠峰的高度。1852年，印度测量局用大地测量的方法测出珠穆朗玛峰高度为8 840米；1954年，印度地理学家以珠峰南侧不同位置为基准测量，得出海拔8 848米的结果。至今，尼泊尔称珠穆朗玛峰为萨迦玛塔峰，高度为海拔8 848米。

1999年，美国全国地理学会运用当时全球卫星定位系统对珠峰高度进行了测量。博尔德科罗拉多大学在对测量数据进行分析后，计算出珠峰的海拔高度为8 850米。

2005年10月9日，根据《中华人民共和国测绘法》，珠峰高程新数据经国务院批准并授权，由国家测绘局公布。正式宣布2005珠峰高程测量获得的新数据为：珠穆朗玛峰峰顶岩石面海拔高程8 844.43米。参数：珠穆朗玛峰峰顶

知识链接

珠穆朗玛峰虽然贵为世界第一峰，但她仍然没能抵挡住人类挑战极限的脚步。1953年5月29日上午11时30分，新西兰登山家埃德蒙·希拉里（Edmund Hillary）和尼泊尔夏尔巴人丹增·诺尔盖（Tenzing Norgay），克服千难万险，从珠穆朗玛南坡携手登上顶峰，完成了人类登上地球之巅的梦想。

攀爬珠穆朗玛峰时，必须遵守"两点钟规则"，即攻顶一定要在下午2点前完成，不然就必须回头。美国登山好手费雪（Scott Fischer）在第五次攀爬珠穆朗玛峰中丧生，就是因为过晚登顶在下山时遇到了大风雪，最终牺牲了。

人类攀登珠峰，有一段英雄般的历史：

1921年——第一支英国登山队在查尔斯·霍华德·伯里中校的率领下开始攀登珠穆朗玛峰，到达海拔7000米处。

1922年——第二支英国登山队是用供氧装置到达海拔8 320米处。

1924年——第三支英国登山队攀登珠穆朗玛峰时，乔治·马洛里和安德鲁·欧文在使用供氧装置登顶过程中失踪。马洛里的遗体于1999年在海拔8 150米处被发现，而他随身携带的照相机失踪，故无法确定他和欧文是否是登顶成功的世界第一人。

1956年——以阿伯特·艾格勒为首的瑞士登山队在人类历史上第二次登上珠穆朗玛峰。（有准确记录以来）

1960年5月25日——中国人首次登上珠穆朗玛峰。他们是王富洲、贡布、屈银华。此次攀登，也是首次从北坡攀登成功。

1963年——以诺曼·迪伦弗斯为首的美国探险队首次从西坡登顶成功。

1975年——日本人田部井淳子成为世界上首位从南坡登上珠穆朗玛峰的女性。

1976年，中国登山队第二次攀登珠峰，9名队员登顶。其中藏族队员潘多成为世界上第一位从北坡登顶成功的女性。

1978年——奥地利人彼得·哈贝尔和意大利人赖因霍尔德·梅斯纳首次未带氧气瓶登顶成功。

1980年——波兰登山家克日什托夫·维里克斯基第一次在冬天攀登珠穆朗玛峰成功。

1988年——中国、日本、尼泊尔三国联合登山队首次从南北两侧双跨珠穆朗玛峰成功。

知识链接

1996年——包括著名登山家罗布·哈尔和史考特·费雪在内的15名登山者在登顶过程中牺牲，是历史上攀登珠穆朗玛峰牺牲人数最多的一年。美国"户外"杂志记者强·克拉考幸运逃过一劫后，将亲身经历写成《巅峰》（Into Thin Air）一书。台湾的高铭和死里逃生，写下《九死一生》一书。

1998年——美国人汤姆·惠特克成为世界上第一个攀登珠穆朗玛峰成功登顶的残疾人。

2000年——尼泊尔著名登山家巴布·奇里从大本营出发由北坡攀登，耗时16小时56分登顶成功，创造了登顶的最快纪录。

2001年——美国人维亨迈尔成为世界上首个登上珠穆朗玛峰的盲人。

2003年——纪念人类首次成功攀登珠穆朗玛峰五十周年。

2005年——中国第四次珠峰地区综合科考高度测量登山队成功攀登珠峰并测量珠峰高度数据。

2007年——尼泊尔观光部指出，美国19岁少女珊曼莎·拉森是最年轻的成功登顶外国女性。

2008年5月8日——奥运圣火珠峰登山队的队员抵达珠穆朗玛峰峰顶，并点燃祥云火炬，进行约二百米的火炬传送。

2009年——台湾人江秀真成为首位从南、北两侧均成功攀登珠穆朗玛峰的女性。

珠穆朗玛峰高大巍峨的形象一直在当地甚至全世界的范围内产生着影响。第四版人民币十元的背面就是珠穆朗玛峰。为了纪念艾德蒙·希拉蕊——新西兰知名的探险家与珠穆朗玛峰首次登顶者，艾德蒙·希拉蕊的肖像被置于新西兰五元钞券的正面，以鼓励人们敢于冒险之精神。

岩石面高程测量精度±0.21米；峰顶冰雪深度3.50米。原1975年公布的珠峰高程数据停止使用。

从珠峰海拔高度的变化来看，它有下降趋势。根据中国科学院院士陈俊勇等科研人员观测，珠峰顶部自1966年以来一直在降低，这些观测结果，可揭示过去几十年来珠峰顶部的降低原因。从1966年到1999年，珠峰顶部从8 849.75米降低到8848.45米，总降低值为1.3米。如果按年降低值算，从1966

年至1975年间，珠峰顶部的降低比较快，接近每年0.1米；从1975年至1992年间，降低过程减弱，只有0.01米；而1992年至1998年间，降低过程又快速增大，接近0.1米；1998年到1999年，达到了0.13米。

珠峰顶部在短期内降低如此剧烈，肯定不是地壳运动的结果，只能从冰川对气候的响应去解释。实际上，从1992年开始的珠峰顶部急剧降低时期正好对应于气候急剧变暖时期。

在海拔8848米处，不存在冰川退缩导致的冰面下降，但冰川成冰作用过程的改变，则可以导致冰面的降低。现有的珠峰顶部最大雪深数据是2.5米，这是由意大利登山队用测杆法观测获得。由于用这种办法不能测得雪的真正厚度，更不要说冰的厚度，所以可以肯定地讲，珠峰顶部雪冰厚度远大于2.5米，可能在十多米到几十米之间。

在全球变暖以前，这一高度的冰川作用过程是在雪的自重力作用下的密实化作用过程，在这种过程下由雪变成冰是十分缓慢的。全球变暖以后，由于气温上升，加速了由雪到冰转化过程，冰川的密实化过程加快。雪都变成了冰，密度增加了，高度自然就降低了。这就像把一团棉花纺织成棉线一

▲冰雪覆盖的珠峰

样。因为冰层的增加和积雪的减少，珠峰的高度出现了不断下降的现象。

珠峰凭借其独特的魅力，赢得了人们无数的赞赏。2006年10月23日，"中国最美的地方"排行榜在京发布。此次活动由《中国国家地理》主办，全国34家媒体协办的"中国最美的地方"评选活动历时8个月，共评出"专家学会组"、"媒体组"与"网络、手机人气组"三类奖项。"媒体组"与"人气组"分别以媒体投票及网友、手机用户投票的方式各产生12个获奖地方。而由中国国家地理杂志社浓墨重彩推出的"专家学会组"奖项则别具一格，分成了山、湖泊、森林、草原、沙漠、雅丹地貌、海岛、海岸、瀑布、冰川、峡谷、城区、乡村古镇、旅游洞穴、沼泽湿地等15个类型。其中，珠穆朗玛峰被评为中国最美名山之一。

阴山

阴山横亘于内蒙古自治区的中部，其蒙古语名字为"达兰喀喇"，意思为"七十个黑山头"。阴山山脉是古老的断块山。它东起河北东部的桦山，西止于内蒙古巴彦淖尔盟中部的狼山，东西绵延长达1 000多千米，南北宽达50千米～100千米不等。山脉平均海拔1 500～2 000米，呼和浩特以西相对高差较大，地势高峻，脉络分明。阴山的最大特点便是南北不对称，南坡山势陡峭，北坡则较为平缓。山脉的平均海拔高度在1 500～2 300米之间，仿佛一座巨大的天然屏障，同时阻挡了南下的寒流与北上的湿气，因此，阴山南麓的雨水较为充沛，适宜发展农业。

阴山南北气候差异显著，这里是我国北方草原与荒漠草原的分界线。山区植被稀疏，仅在东段的阴坡有小片森林。主要的树种有白桦、山杨、杜松、侧柏、油松、山柳等。中段和西段山地散布有大小不等的山地草场。历史上，这些草场曾是重要的牧区。

阴山的资源相当丰富，森林中有白桦、青杨、山榆、山柳、松柏等树种。现在还增加了人工种植的油松、樟子松、落叶松等树种。山林之中还栖息着画眉、百灵、斑鸠、石鸡等飞禽，以及狼、狍子、狐狸、野兔、青羊、盘羊等走兽。这里也是远志、黄花、当归、知母、赤芍、干草等200余种中草药的生长地。井眼梁、马场梁、骆驼梁还是山脉中出名的天然放牧场所，这些牧场都是一片片富饶的旱地草场。

阴山地区人类活动的历史非常悠久，这里是内地汉族与北方游牧民族交往的重要场所。近年来，考古学家们在山脉西部发现大批上自青铜时代、下至明清时期的众多岩画，这些岩画都是由古代匈奴、突厥、蒙古等民族绘画凿刻而成，它们以艺术形式表现了古代游牧民族的社会生活及与汉族的交流活动，具有极高的文物价值。

山脉间的宽谷多是南北交往的通道。位于呼和浩特西北的古途白道就是这样一条重要的通道，因为它的路口千余米土色灰白，因此被古人称呼为"白道"。北魏时期，政府曾在白道南端设立白道城。

阴山山区现存的名胜有昭君墓（青冢）、战国赵长城、高阙鸡鹿塞、五当召（汉名广觉寺）、美岱召、百灵庙等。山前的乌兰图格草原和辉腾梁草原也都是优美的旅游区。

从古到今，有许多著名诗句描写美丽的阴山。南北朝时期就有著名民歌《敕勒川》："敕勒川，阴山下，天似苍穹，笼盖四野。天苍苍，野茫茫，风吹草低见牛羊。"唐代诗人王昌龄写过"但使龙城飞将在，不教胡马度阴山"这样的名句。这些诗句都如实地描写了阴山的风光和人类活动。

▲阴山

玉龙雪山

玉龙雪山位于中国云南省丽江西北，呈南北走向，东西宽约13千米，南北长约35千米，与哈巴雪山对峙，汹涌澎湃的金沙江奔腾其间。其主峰扇子陡海拔5 596米，直插蓝天，南北向排列的玉龙十三峰犹如一条腾空的巨龙，绵亘35千米。

玉龙雪山的美景久负盛名。明代徐霞客游滇时，写道："雪山一指，竖立天外，若隐若现。"清代丽江知府杨馝在崖壁上题书"玉柱擎天"四字，字迹苍劲，正是玉龙雪山的绝妙写照。

玉龙雪山不仅巍峨壮丽，而且随四时的更换，阴晴的变化，显示奇丽多姿。时而云雾缠裹，雪山乍隐乍现，似"犹抱琵琶半遮面"的美女神态；时而山顶云封，似乎深奥莫测；时而上下俱开，白云横腰一围，另具一番风姿；时而碧空万里，群峰如洗，闪烁着晶莹的银光。即使在一天之中，玉龙雪山也是变化无穷。凌晨，山村尚在酣睡，而雪山却已早迎曙光，峰顶染上晨曦，朝霞映着雪峰，霞光雪光相互辉映；傍晚，夕阳西下，余晖山顶，雪山像一位披着红纱里的少女，亭亭玉立；月出，星光闪烁，月光溶溶，雪山似躲进白纱帐中，渐入甜蜜的梦乡。每当春末夏初，百花斗艳，云南八大名花无不具备，仅杜鹃花就有40多种；林木苍郁，以松而言，从下到上分布着云南松、华山松、云杉、红杉、冷杉等；药材有虫草、雪茶、雪莲、麻黄、三分三、贝母、茯苓、木香等。

玉龙雪山是一个集观光、登山、探险、科考、度假、郊游为一体的具有多功能的旅游胜地。

> **知识链接**
>
> 玉龙雪山以险、奇、美、秀著称。造型玲珑秀丽，气势磅礴。随着节令和气候变化，有时云蒸霞蔚，玉龙时隐时现，有时碧空万里，群峰晶莹耀眼。清代纳西族学者木正源曾形象地归纳出玉龙十二景，即：三春烟笼、六月云带、晓前曙色、暝后夕阳、晴霞五色、夜月双辉、绿雪奇峰、银灯炫焰、玉湖倒影、龙沼生云、金沙壁流、白泉玉液。玉龙雪山景观大致可分为高山雪域风景、泉潭水域风景、森林风景、草甸风景等，主要景点有玉柱擎天、云杉坪、雪山索道、黑水河、白水河及宝山石头城等。

下面就走进这里的主要景点,欣赏一下这里的美景。

白水河:从干海子到云杉坪之间,有一条幽深的山谷,谷内林木森森,清溪长流。谷底这条清泉长流的河,就叫白水河,因河床、台地都由白色大理石、石灰石碎块组成,呈一片灰白色,清泉从石上流过,亦呈白色,因色得名"白水河"。白水河之水来源于四五千米高处的冰川雪原融水,清洌冰凉,无污染,是天然的冰镇饮料。

干海子:干海子是玉龙雪山东面的一个开阔草甸。干海子全长4千米左右,宽1.5千米,海拔约2 900米。干海子给人一种开阔空旷的感觉,在高耸入云的玉龙雪山东坡前,有这样一个大草甸,为游人提供了一个观赏玉龙雪山的好场地。从干海子草甸到4 500米的雪线,可以看到各种各样的花草树木,兰花、野生牡丹、雪莲,品种繁多;高大乔木有云南松、雪松、冷杉、刺栗、麻栗等等。干海子大草甸是一个天然大牧场,每年春暖花开,草木萌发,住在干海子附近山涧的藏、彝、纳西族牧民们都要带上毡篷,骑着高头大马,驱赶着牦牛、羊群、黄牛,到草甸放牧。

▲玉龙山

云杉坪:乘上建在白水河山庄的登山缆车,只需十分钟就可以将你送到缆车上站,然后再沿着林间铺设的木板栈道,或骑上当地彝家姑娘出租的丽江小马,就可以到达玉龙雪山的又一佳境——云杉坪。云杉坪是玉龙雪山东面的一块林间草地,约0.5平方千米,海拔3 000米左右。雪山如玉屏,高耸入云;云杉坪环绕如黛城,郁郁葱葱。在云杉坪周围的密林中,树木参天,枯枝倒挂，枝上的树胡子，林间随处横呈的腐木，枯枝败叶，长满青苔，好像千百年都没人来打扰过，就像一个天然的乐园。

大面积的雪海是优良的天然滑雪场。据专家考察论证认为：这里是世界上最长的滑雪场，也是最温暖的滑雪场。为方便游客，这里还建成我国海拔最高的旅游客运索道，通过方便的设施可以带你进入这个神奇的世界。

此外，来到玉龙雪山还可以观赏到多种多样的植物景观。从海拔1 800米的金沙江河谷到海拔4 500多米的永久积雪地带，有亚热带到寒带的多种气候，种类繁多的植物按不同的气候带生长在山体的不同高度上，组成了非常明显而完整的山地植物分带谱，成为滇西北横断山脉植物区的缩影。

玉龙雪山具有重要的风景旅游价值，具有重要的自然科学考察研究价值，特别是在气象、地质、动物、植物方面，玉龙雪山是一座植物宝库，很多植物具有珍贵的药用价值。玉龙雪山至今还是一座处女峰，还在等待着勇敢的攀登者去征服它。

1988年，玉龙雪山以云南丽江玉龙雪山风景名胜区的名义，被国务院批准列入第二批国家级风景名胜区名单。2007年5月8日，丽江市玉龙雪山景区经国家旅游局正式批准为国家5A级旅游景区。

天山

远望天山，美丽多姿。那常年积雪、高插云霄的群峰，像集体起舞时的维吾尔族少女的珠冠，银光闪闪；那富于色彩的、不断的山峦，像孔雀正在开屏，艳丽迷人。

天山飘逸脱俗，清新动人。它有丰饶的水草，有绿发似的森林。当它披着薄薄云纱的时候，它像少女似的含羞；当它被阳光照耀得非常明朗的时候，又像年轻母亲饱满的胸膛。人们会同时用两种甜蜜的感情交织着去爱它，既像婴儿喜爱母亲的怀抱，又像男子依偎自己的恋人。

天山是亚洲中部的一条大山脉，横贯中国新疆的中部，把新疆分隔成塔里木盆地与准噶尔盆地，西端伸入哈萨克斯坦。长约2 500千米，宽约250～300千米，平均海拔约5 000米。最高峰是托木尔峰，海拔为7 435.3米，汗腾格里峰海拔6 995米，博格达峰的海拔5 445米。这些高耸入云的山峰，终年为冰雪覆盖，远远望去，那闪耀着银辉的雪峰，是那样雄伟壮观、庄严而神秘。

山地气候年中明显分成冷、暖两季。冷季天气多晴朗，3 000米以下的山地、盆地和谷地积雪深厚，且多雾霜。暖季（夏季）海拔3 000米以上多雨雪，3 000米以下气候凉爽，各地湿度差别受高程控制。在天山山地，特别在天山西段，冬季往往形成明显的逆温层结。逆温产生于10月，消失于翌年4月。以1月份的层结为最大，达3 000米左右。

天山山地的年降水量，同一山坡自西到东，逐渐减少；山地迎风坡（北坡）多于背风坡（南坡），山地内部盆地或谷地少于外围山地。位于天山内部的巴音布鲁克海拔2 438米，年降水量仅2 762毫米，比同高度的山地少。但地势宽坦，河曲发育，湖沼星罗棋布，水草肥美，成为中国著名草原之一，并且是天山山地唯一有天鹅生栖的地方，现已划为新疆的自然保护区（见尤勒都斯盆地）。

天山北坡的年均降水量多在500毫米以上，是中国干旱区中的湿岛。其中

▲天山博格达峰

中国的地形

以西段的中山森林带最多，竟达1 139.7毫米（1970年记录）。海拔接近海平面的托克逊年降水量最少，只有6.9毫米。降水季节变化很大，最大降水集中在5、6两月，以2月份最少。

天山山地的最大降水带随季节上下迁移。冬季最大降水带在海拔1 500～2 000米，夏初开始向上迁移，到7、8月份升到海拔5 000米的极高山带。此后，又开始回返。至10月份回到冬季原来位置。山地暴雨历时短暂，但强度很大。积雪分布与降水相同。

天山山地为新疆不少大河的源头，如伊犁河与塔里木河

▲雪莲

等。在不到20万平方千米的山地径流形成区内，有大小河川200多条，年总径流量为436亿立方米，占新疆河川径流总量的52%。引水灌溉遍及新疆57市、县的绿洲农田。按各河出山口以上的集水面积计，年平均径流深271毫米。河流年径流变差系数一般为0.1～0.2，变化相对稳定。年径流变差系数为中国最小地区之一。

天山自古以来就是中国与中亚、西亚联系的重要通道，托木尔峰东部南、北木扎尔特河谷，便是古代丝绸之路的一个重要支线。西汉时，细君公主、解忧公主下嫁乌孙王，即通过此道。唐代的玄奘法师，公元629年去印度取经也经过这里。他在《大唐西域记》中对托木尔峰分水岭一带的惊险环境曾进行了生动的描述。据传"一代天骄"成吉思汗曾登上天山博格达峰，并在此会见当时来传道的长春真人丘处机。唐太宗时还在博格达峰下设过"瑶池都护府"，管理天山地区。

清朝乾隆年间，新疆都统明亮曾登博格达峰和天池一带，勘察地形，开山引水，并在天池渠口附近立石碑纪念此举。在天池附近还有不少名胜古迹，过去这里曾经建立过十几座古刹，清朝乾隆年间曾在此修建过福寿寺，

知识链接

天池位于阜康县境内的博格达峰下的半山腰，东距乌鲁木齐110千米，海拔1 980米，是一个天然的高山湖泊。湖面呈半月形，长3 400米，最宽处约1 500米，面积4.9平方千米，最深处约105米。湖水清澈，晶莹如玉。四周群山环抱，绿草如茵，野花似锦，有"天山明珠"盛誉。挺拔苍翠的云杉、塔松，漫山遍岭，遮天蔽日。

天池东南面就是雄伟的博格达主峰（蒙古语"博格达"，意为灵山、圣山），海拔达5 445米。主峰左右又有两峰相连。抬头远眺，三峰并起，突兀插云，状如笔架。峰顶的冰川积雪，闪烁着皑皑银光，与天池澄碧的湖水相映成趣，构成了高山平湖绰约多姿的自然景观。

天池属冰碛湖。地质工作者认为：第四纪冰川以来全球气候有过多次剧烈的冷暖运动，二十万年前，地球第三次气候转冷，冰期来临，天池地区发育了颇为壮观的山谷冰川。冰川挟带着砾石，循山谷缓慢下移，强烈地挫磨刨蚀着冰床，对山谷进行挖掘、雕凿，形成了多种冰蚀地形，天池谷遂成为巨大的冰窖，其冰舌前端则因挤压、消融，融水下泄，所挟带的岩屑巨砾逐渐停积下来，成为横拦谷地的冰碛巨垅。其后，气候转暖，冰川消退，这里便储水成湖，即今日的天山天池。

新疆解放前，由于山高路险，唯有胆大志坚而又精于骑术的人才能探游天池。解放后，人民政府专门拨款修筑了直达天池的盘山公路，并在湖畔建起别致的亭台水榭、宾馆餐厅以及其他旅游设施，向中外游人开放了这块闻名遐迩的游览胜地。

天池现在不仅是中外游客的避暑胜地，而且已成为冬季理想的高山溜冰场。每到湖水结冻时节，这里就聚集着新疆或兄弟省区的冰上体育健儿，进行滑冰训练和比赛。1979年3月我国第四届运动会速滑赛就是在天池举行的。

环绕着天池的群山，雪线上生长着雪莲、雪鸡，松林里出没着狍子，遍地长着蘑菇，还有党参、黄芪、贝母等药材。山壑中有珍禽异兽，湖区中有鱼群水鸟，众峰之巅有现代冰川，还有铜、铁、云母等多种矿物。天池一带如此丰富的资源和奇特的自然景观，对于野外考察的生物、地质、地理工作者们，更具有魅人的吸引力。1982年被列为国家重点风景名胜区。

因用青砖铁瓦建造，又称"铁瓦寺"。天池西面还有东岳庙遗址，池下有无极观。这些名胜古迹，又为天山增添了诱人的魅力。1982年，它被列为第一批国家重点保护的风景名胜区。

中国的地形

◆珍贵物产

天山雪莲，别名雪荷花。主要生长于天山南北坡，阿尔泰山及昆仑山雪线附近的高旱冰碛地带的悬崖峭壁之上。雪莲是新疆的著名特产。早在清朝，赵学敏著的《本草纲目拾遗》一书中就有"大寒之地积雪，春夏不散，雪间有草，类荷花独茎，婷婷雪间可爱"和"其地有天山，冬夏积雪，雪中有莲，以天山峰顶者为第一"的记载。关于雪莲的形态和生长环境，贾树模1936年在《新疆杂记中》就有这样的描述："雪莲为菊科草本，生雪山深处，产拜城。哈密山中。"雪莲在医药上应用已有数百年的历史。汉族人民视之为治疗风湿关节炎之珍品；维吾尔族、哈萨克族则当做妇科良药。

天山中还有许多珍禽异兽，海拔3 000米以下的峰峦、山地的密林深处和草原之中，是各种飞禽走兽栖息、繁衍的天然场所。

旱獭和水獭是珍贵的皮毛兽，遍布天山，这里的獭皮是新疆重要的出口创汇产品。天山的盘羊、雪豹、猞猁、天山鹿、天山羚羊等也是受保护动物。

天山的苍鹰，素以体长凶猛著称。一只苍鹰双翅展开，足有两米多长，像一架小飞机。它时而悠闲地扶摇直上，时而又逍遥地在空中盘旋。一旦发现野兔、黄羊或其他柔弱动物，便像一把利剑横空劈下，来势可谓迅雷不及

▲天山天池

掩耳。这些柔弱动物，很快便成为苍鹰一顿可口的佳肴美味。

在天山的动物中最警觉的要数野骆驼了。它胆小疑心大，稍有风吹草动，便远遁而去。它四肢细长而有力，足掌厚约5厘米，如同安上了橡皮垫，奔跑起来轻捷无声，迅疾如风。它的特大胃袋，一次可装水70千克，饮足后能保持数月不再饮水。因此它成为沙漠中的最好运载工具，历来享有"沙漠之舟"之称。

天山的黄羊、大头羊、狍子、茶腾大尾羊和雪线附近的雪鸡，是天山人狩猎的主要对象，尤其是黄羊和大头羊，分布量很大。人们捕获后，有时就架起篝火，就地烧烤，再配上美酒，便成了一顿别有风味的野餐，令人垂涎。

天山地区地处内陆，属典型的大陆性气候，大多数地区气候干燥、少雨，适合发展畜牧业。特别是托木尔峰北部的伊犁地区，以牧业为主，养马业尤为驰名。古代的"天马"最初即来自此地，以后又叫伊犁马，至今仍享有盛誉。这里还是优良的军马和生产用马的重要产区。牛、羊、骆驼在这里也分布很广。此外，在天山的托木尔峰南坡平原地区，还种植大米等农作物。阿克苏大米已有数百年的历史，是向朝廷进贡的贡米，素有"阿克苏大米甜又香"之说。

天山地区又是瓜果之乡。历史上从西域传来的葡萄、苜蓿、胡麻、甜瓜、核桃等均是通过这里传入中原的。托木尔峰南部的温宿县仅果树种类就有10多种，主要有苹果、核桃、葡萄、桃、杏、梨、沙枣、樱桃、楸子、红枣等，尤以苹果、核桃、杏品种最为繁多。

虽然天山山系中众多的雪峰终年被冰雪覆盖，但是在3 000米雪线以下，还有丰富的动植物资源。托木尔峰和博格达峰的山麓和河谷地区，满山遍野的云杉和塔松，四季常青。托木尔峰南北坡的茂密森林，是新疆的主要木材产区之一。天山各种药用植物达80多种，在草原和森林草原带有贝母、紫草、天仙子、黄精、荆芥、益母草、大黄等；云杉林中，到处可见野蔷薇、党参等；亚高山草甸带，一片片金莲花迎风开放，花枝招展；雪线附近的乱石堆中，凌寒怒放的雪莲散发着清香，远远望去，一株株雪莲宛若一只只白色的玉兔，为这一片冰天雪地的世界带来了勃勃生机。

珍藏中国 中国的地形

天山地区也是优良牧草的基因库，已发现的禾本科植物就达55种，其中很多羊茅、草地早熟禾、垂穗披碱草、西伯利亚三芒草、沙生针茅、野燕麦、野黑麦等，还有豆科的野生紫花苜蓿、草木樨等，都是优良的牧草，对发展畜牧业具有重要作用。

昆仑山

▲昆仑山

昆仑山耸立在格尔木市南面，西起帕米尔高原，山脉全长2 500千米，平均海拔5 500米～6 000米，宽130千米～200千米，西窄东宽，昆仑山和帕米尔总面积达50多万平方千米。在古人的记载中，昆仑山是玉龙腾空之地，素有亚洲脊柱之称。昆仑山北坡属暖温带塔里木荒漠和柴达木荒漠，降水量小；随着海拔的增高，暖温带荒漠过渡为高山荒漠，降水量随之增加。雪线在海拔5 600米～5 900米，雪线以上为终年不化的冰川，冰川面积达到3 000平方千米以上，是中国的大冰川区之一。冰川融水是中国几条主要大河的源头，包括长江、黄河、澜沧江（湄公河）、怒江（萨尔温江）和塔里木河。

昆仑山最高峰在青海、新疆交界处，名为布格达板峰，海拔6 860米。

这里是青海省最高点，也是高原地貌的基本骨架。昆仑山是青海省重要的自然区划界线。相传昆仑山的仙主是西王母。在众多古书中记载的"瑶池"，便是昆仑河源头的黑海。这里海拔4 300米，湖水清澈，鸟禽成群，野生动物出没，气象万千。在昆仑河中穿过的野牛沟，有珍贵的野牛沟岩画。距黑海不远处是传说中的姜太公修炼五行大道四十载之地。位于昆仑河北岸的昆仑泉，是昆仑山中最大的不冻泉，水量大而稳定，传说是西王母用来酿制琼浆玉液的泉水。经过科学家测定，这里的泉水是优质矿泉水。

▲昆仑神泉

昆仑山口位于青海西南部，昆仑山中段，格尔木市区南160千米处，是青海、甘肃两省通往西藏的必经之地，也是青藏公路上的一大关隘。这里也被称为"昆仑山垭口"，海拔4 767米，相对高度80米~100米。昆仑山口属冻土荒漠地貌，地质系古代强烈侵蚀的复杂变质岩所构成。且有第三纪沉积物构成的丘陵低山和丘垅。山坡谷地生长点地梅、虎爪耳草、绿绒蒿、蚕缀、大拟鼻花、马先蒿等高原冻土荒漠野生植物。

离昆仑山口不远的东西两侧，海拔6 000米以上的玉虚峰和玉仙峰，终年银装素裹，云雾缭绕，形成闻名遐迩的昆仑六月雪奇观。玉虚峰位于昆仑山口东面，这是一座海拔6 500多米的雪山冰峰，峰顶高耸巍峨，山体通坡冻封雪裹，山腰白云缭绕，看上去犹如一位亭亭玉立的女子，昂然挺立在群山之上。

玉虚峰相传为玉皇大帝的妹妹玉虚神女居住的地方。传说当年玉皇大

中国的地形

帝见昆仑山雄伟高大，气势轩昂，景象万千，且离天庭很近，便在昆仑山顶修建了一座轩辕行宫。玉帝的妹妹玉虚得知后，很不服气，说玉帝霸占的地方太多了，不仅占了天上，还要把地上的好地方也据为己有。玉帝没有办法，只好把其中的一座山峰让给了玉虚。玉虚便在这座山峰上为自己修筑了一座冰清玉洁、俏丽奇美的行宫，而且经常带着众姐妹到此游玩，所以，这座山峰就叫玉虚峰。

▲昆仑山

　　昆仑山自然风光美丽，自古以来就吸引佛界道家在这里建寺筑观，养性修身，传经布道。远在汉唐之际这里就寺院林立，香火不断。至金元，盛极一时的中国道教全真派开山祖师王重阳同他的七弟子，把这里选为创教立派的"洞天福地"，留下了诸多令人神往的道教遗迹。昆仑山的物产也相当丰富，有100多种高等植物，但一般都是低矮的灌木类。野生动物都是高原特有的，如藏羚羊、野牦牛、野驴等。 新疆和田出产的昆仑山麓最高质量的美玉，从古代起这里就是中原地区玉石的主要来源地。

◆昆仑山上的奇观——地狱之门

　　"天苍苍，野茫茫，风吹草低见牛羊。"在牧人眼中，草肥水足的地方是他们放牧的天堂。但是，在昆仑山生活的牧羊人却宁愿因没有肥草吃使牛羊饿死在戈壁滩上，也不敢进入昆仑山那个牧草繁茂的古老而沉寂的深谷。

　　这个谷地即是死亡谷，号称昆仑山的"地狱之门"。谷里四处布满了狼的皮毛、熊的骨骸、猎人的钢枪及荒丘孤坟，向世人渲染着一种阴森吓人的死亡气息。下面是一个真实的、由新疆地矿局某地质队亲眼所见的故事：

　　1983年，有一群青海省阿拉尔牧场的马因贪吃谷中的肥草而误入死亡谷。一位牧民冒险进入谷地寻马。几天过去后，人没有出现，而马群却出现了。后来他的尸体在一座小山上被发现。衣服破碎，光着双脚，怒目圆睁，嘴巴张大，猎枪还握在手中，一副死不瞑目的样子。让人不解的是，他的身上没有发现任何的伤痕或被袭击的痕迹。

　　这起惨祸发生不久后，在附近工作的地质队也遭到了死亡谷的袭击。那是1983年7月，外面正是酷热难当的时候，死亡谷附近却突然下起了暴风雪。伴随着突如其来的雷声，炊事员当场晕倒过去。根据炊事员回忆，他当时一听到雷响，顿时感到全身麻木，两眼发黑，接着就丧失了意识。第二天队员们出外工作时，惊诧地发现原来的黄土已变成黑土，如同灰烬，动植物已全部被"击毙"。

　　地质队迅速组织起来考察谷地。考察后发现该地区的磁异常，而且分布范围很广，越深入谷地，磁异常值越高。在电磁效应作用下，云层中的电荷

▲陆吾

和谷地的磁场作用，导致电荷放电，使这里成为多雷区，而雷往往以奔跑的动物作为袭击的对象。这种推测是对连续发生的几个事件的最好解释。

◆ 历史与传说

昆仑山在古代神话中的地位，类似于希腊神话的奥林匹斯山。我国古代记载各地地理的著作《山海经》提到过几十座山，昆仑山雄踞为冠。它作为天帝的都城，自然被天帝所统治。据说，这位天帝便是黄帝。黄帝派去管理昆仑山的神叫陆吾，也是半人半兽形，人的面孔，虎身虎爪，长了九条尾巴。民间神话中昆仑山上的主角是穆王，他乘坐八匹马拉的车子与西王母为爱而相会。周代穆王继位时已经50周岁，在位55年而崩，是古代的长寿帝王。也许因为他长寿，后世便有周穆王游行四海，见到了帝台的西王母的故事。

昆仑山由神话世界变为仙境，有一个过程。如《西次三经》说，昆仑山是天帝在地上的都城，那里除了有九尾虎身的陆吾神守护之外，还有一种长了四只角，有些像羊的兽，名土蝼，能吃人；那上面的鸟，样子如蜂，却大得如鸳鸯。有一种开黄花结红果的树，果子味道如李，无核，名叫沙棠，吃了能御水而不溺死。这明明是怪异的神话世界。

> **知识链接**
>
> 1956年4月，陈毅在前往西藏途中路过昆仑山时，激情满怀，诗兴大发，当即写了一首《昆仑山颂》。诗中写道：
>
> 峰外多峰峰不存，岭外有岭岭难寻。
> 地大势高无险阻，到处川原一线平。
> 目极雪线连天际，望中牛马漫逶巡。
> 漠漠荒野人迹少，间有水草便是客。
> 粒粒砂石是何物，辨别留待勘探群。
> 我车日行三百里，七天驰骋不曾停。
> 昆仑魄力何伟大，不以丘壑博盛名。
> 驱遣江河东入海，控制五岳断山横。

传说中的昆仑山，既高且大，为中央之极，也是连接天地的天柱，仙人万一还想上天，这里是绝妙的歇脚之处。昆仑山又是黄河之源，黄河是母亲河，古人出于这种崇拜心理，将昆仑由神山转化为仙山便顺理成章。

由于昆仑山高耸挺拔，它自古就成为古代中国和西部之间的天然屏障，被古代中国人认为是世界的边缘。昆仑山终年积雪，于是中国的古人们就以白色象征西方。

祁连山

祁连山脉位于青海省东北部与甘肃省西部边境，由多条西北-东南走向的平行山脉和宽谷组成。由于祁连山位于河西走廊南侧，又名南山。它的西端在当金山口与阿尔金山脉相接，东端延伸至黄河谷地，与秦岭、六盘山相连，整条山脉长约1 000千米。

祁连山的最宽处在酒泉市与柴达木盆地之间，达300千米。自北而南，包括大雪山、托来山、托来南山、野马南山、疏勒南山、党河南山、土尔根达坂山、柴达木山和宗务隆山。这些山峰的海拔大多在4 000～5 000米，最高峰疏勒南山的团结峰海拔5 808米。祁连山中，海拔4 000米以上的山峰终年积雪，山间谷地也在海拔3 000～3 500米之间。

祁连山地是典型大陆性气候特征。一般山前低山属荒漠气候，年均温6℃左右，年降水量约150毫米。中下部属半干旱草原气候，年均温2℃～5℃，年降水量250～300毫米。中上部为半湿润森林草原气候，年均温0℃～1℃，年降水量400～500毫米。亚高山和高山属寒冷湿润气候，年均温-5℃左右，年降水量约800毫米。山地东部气候较湿润，西部较干燥。

祁连山水系呈辐射-格状分布。水系的中心位于北纬38°20′，东经99°附近的"五河之源"，这里是托来河（北大河）和布哈河的源头。由此到毛毛山一线，再沿着大通山，到青海南山东段一线就是西北地区内外流域的分界线。这条分界线的东南侧有黄河支流庄浪河、大通河，属外流水系。分界线西北侧的黑河、托来河、疏勒河、党河等，则都属于河西走廊的内陆水系。此外，哈尔腾河、鱼卡河、塔塔棱河、阿让郭勒

> **知识链接**
>
> 祁连山东段山势由西向东降低，包括走廊南山-冷龙岭-乌鞘岭，大通山-达坂山、青海南山-拉背山三列平行山系。其间夹有大通河谷地、湟水谷地和青海湖盆地。有冰川3 306条，面积2 063平方千米。山前有一块大绿洲。山脉东部海拔2 500～3 300米分布有寒温带针叶林。然而森林资源破坏严重，野生动物减少速度飞快。1987年，国家建立了祁连山国家自然保护区，开始保护这里的自然环境。
>
> 祁连山还有一个狭义的范围，指的是最北的一支的走廊南山和冷龙岭。这里的平均海拔在4 000米以上。主峰有冷龙岭（4 843米）、祁连山（5 547米）和疏勒南山（5 808米）。

中国的地形

河等，属于柴达木的内陆水系。除了它们，还有一个哈拉湖独立的内陆水系。上述各河多发源于高山冰川，冰川融水补给为主，冰川补给比重，西部远大于东部。河流流量年际变化较小，而季节变化和日变化较大。

祁连山东部以流水侵蚀为主，西部干燥剥蚀作用强烈，高山则以塞冻风化作用为主，明显存在3级夷平面。这里是中国冰川分布最集中的地区之一，因此成为众多河流的发源地。

祁连山对中国最大的贡献，不仅仅是河西走廊，不仅仅是丝绸之路，不仅仅是引来了宗教、送去了玉石，更重要的是祁连山造就和养育了冰川、河流与绿洲，它们作为垫脚石和桥梁，让中国的政治和文化传到了中国西北的沙漠，与新疆的天山握手相接了。中国人在祁连山的护卫下走向了天山和帕米尔高原。这里的张掖城的名字就是取自"断匈奴之臂，张中国之掖（腋）"之意。

> **知识链接**
>
> 中国国家地理（2006年第3期）曾就祁连山对中国的意义有这样的描述："东部的祁连山，在来自太平洋季风的吹拂下，是伸进西北干旱区的一座湿岛。没有祁连山，内蒙古的沙漠就会和柴达木盆地的荒漠连成一片，沙漠也许会大大向兰州方向推进。正是有了祁连山，有了极高山上的冰川和山区降雨才发育了一条条河流，才养育了河西走廊，才有了丝绸之路。然而祁连山的意义还不仅于此。"

▲甘肃河西走廊，远处为祁连山

唐古拉山

唐古拉山是在5 000米的高原上耸起来的山脉，海拔6 839米。它的山顶是约5 000米的准平原，面上的山脊已在雪线以上（雪线为5 300米）。唐古拉山山体宽150千米以上，主峰格拉丹冬是长江正源沱沱河的发源地。现在还有小规模更新世冰川残留。

著名的大唐古拉山口海拔5 231米，是青海、西藏两省区天然分界线，也是青藏线109国道和青藏铁路的最高点。唐古拉山顶终年积雪不化，数十条远古冰川纵横奔泻，可谓"近看是山，远望成川"。这里还可以看到神秘莫测的一日四景。往返的游客，大多数在此停留、拍照、观景。翻过大唐古拉山口，前面还有一处海拔5 010米的小唐古拉山口。过后即进入西藏境内的羌塘高原，两旁雪山连绵，蓝天草原相映，牛羊像珍珠般洒落绿野。此处空气含氧量只有海平面地区的60%。一般的乘客路过唐古拉山口，都会有明显的高原反应。所以，来这里旅游，需要做许多提前的准备工作。

神秘的雄峰始终是旅行家和探险家的梦想之地。传说当年成吉思汗率领大军欲取道青藏高原进入南亚次大陆，却被唐古拉山挡住去路。恶劣的气候和高寒缺氧，致使大批人马死亡。所向披靡的成吉思汗，只能望山兴叹，败退而归。14世纪，西方世界才第一次得到了对这片高原真实与虚构的描述。从此之后，探险家、传教士、登山者接踵而至。

发源于此的怒江、联通河、那曲河养育着沿岸的人

知识链接

"唐古拉"为藏语，意为"高原上的山"，又称"当拉山"，在蒙语中意为"雄鹰飞不过去的高山"。唐古拉山东段为西藏与青海的界山，东南与横断山脉(他念他翁山、云岭)相接，其山脉高度在6 000米左右，最高峰各拉丹冬海拔6 621米。山脉两侧山麓平原海拔4 600~4 800米，相对高差仅为1 300~1 500米。这里的雪线海拔为5 400~5 500米。山峰上发育有小型冰川。这些冰川是气势磅礴的长江、澜沧江、怒江等大河的源地。这里常年气温很低，年平均气温为−4.4℃(沱沱河站)，有多年冻土分布，冻土厚度70~88米。青藏公路和青藏铁路就从唐古拉山经过。

珍藏中国 中国的地形

▲ 各拉丹冬雪山，唐古拉山脉最高峰

民。在蓝天白云和一望无垠的草原的映衬下，夏季清澈碧绿的措那湖显得分外美丽。青丘着意，绿水清漪，鱼儿欢跃，野鸭和候鸟自由嬉戏。湖中水产丰富，吸引了黑颈鹤、天鹅、野鸭、鸳鸯等国家级重点野生保护动物，绿草如茵的湖边草地则是藏羚羊和藏原羚栖息的家园。湖边远眺，卓格神峰隐隐作态，山水相映。唐古拉山脉南部河溪均汇入措那湖再流入怒江。

唐古拉山南麓的羌塘草原，是一片美丽而又神奇的土地。

有一首古老的羌塘古歌唱道："辽阔的羌塘草原啊，在你不熟悉它的时候，它是如此那般的荒凉，当你熟悉了它的时候，它就变成你可爱的家乡。"

在唐古拉山主脉的包围中，无数高原山峰逶迤连绵，高低起伏，向东还有可可西里山。境内湖泊与河流交汇纵横，有长江、怒

知识链接

藏北高原在藏语中被称为"羌塘"。它在唐古拉山脉、念青唐古拉山脉及冈底斯山脉环抱之中，包括几乎整个那曲地区及部分阿里地区。这片高原平均海拔4 000米以上，世代生息着逐水草而居的藏族牧民。

江和色林错的源流水系从这里流过。西邻羌塘高原无人区,空气稀薄,昼夜温差大,四季不分明,多风雪天气。

唐古拉山南侧的安多城是藏北重要的交通枢纽,是青藏公路和安狮公路的会合处。县城所在的帕那镇坐落在河谷的出口,再向前就是开阔的草原。安多也是青藏铁路进入西藏的第一大客货两用车站,雄伟的青藏铁路在西藏境内的首次铺轨仪式就是在安多火车站举行的。

安多牧区的人们热情好客,每当客人来都要迎上前问一声"嘎地"(辛苦了)或行贴颊礼。行人在途中到了居住点,主人会把客人请到家里,拿出最好的食物款待,让出最好的房子和帐篷给客人住,并拿出自己最好的被褥。客人上路时,他们扶客人上马,送上一程,说声"才仁"(祝您长寿)。纯朴的民风令人感慨不已。

阿尔泰山

中亚地区的雄伟山系——阿尔泰山跨越中国、蒙古、俄罗斯和哈萨克部分领土,从戈壁(沙漠)向西西伯利亚,绵亘约2 000千米,呈西北-东南走向。

中国境内的阿尔泰山属中段南坡。山体长达500余千米,南邻准噶尔盆地。主要山脊高度在3 000米以上。北部的最高峰为友谊峰,海拔4 374米,发育有现代冰川。西部的山体最宽,愈向东南愈狭窄,高度亦渐低下。整条山脉从东北部国境线,自西北向东南山势逐渐降低到3 000~3 500米左右。山前还有一条西北大断裂。山脉向西南逐渐下降到额尔齐斯河谷地,呈4级阶梯。山地轮廓呈块状和层状,只在高山地区有冰蚀地形并有现代冰川。阿尔泰山除沿西北向断裂作串珠状分布有断陷盆地外,再没有大型的纵向地。阿尔泰山是

> **知识链接**
>
> 阿尔泰山拥有丰富的文化遗产,很久以前就发掘出了大量旧石器时代的文物。这里记录着许多部落民族在这方土地上的起起落落,突厥、维吾尔和蒙古等民族都在这里留下了历史的足迹。金山-阿尔泰山最为引人注目的历史遗迹当属公元5世纪部落首领的墓群。这些墓群结构复杂,大小各异,林林总总数目可达100多座,其中埋葬的许多艺术品更称得上是稀世珍宝。

中国的地形

一座典型的断块山。

阿尔泰山山体浑圆，山坡分布着许多古代冰川留下的冰碛石和U形的山谷。

阿尔泰山的气候是典型的大陆性气候。由于亚洲大反气旋，即高压区的影响，这里的冬季漫长而酷寒，夏季却是短暂而又凉爽。阿尔泰山耸立于亚洲腹部的干旱荒漠和干旱半荒漠地带，西风环流带来大西洋水汽，顺额尔齐斯河谷地和哈萨克斯坦斋桑谷地长驱直入，向北遇阿尔泰山，受逼抬升降水。降水随高度递增和由西而东递减，冬夏多，春秋少，低山年降水量200毫米～300毫米，高山可达600毫米以上。这里每年的降雪多于降雨，积雪时间随着高度增加而延长。中高山积雪长达6～8月，低山的积雪期只有5～6月。山地气温的变化随高度增加而递减。整体来说，阿尔泰山区气候垂直梯度变化明显，具有冬长夏短而春秋不明显的特征。

▲阿尔泰山的各种植被

阿尔泰山径流较丰富，发育了额尔齐斯河与乌伦古河。

额尔齐斯河是新疆境内唯一外流河（属于北冰洋水系），国境内的流域面积5万平方千米，全长546千米。河水补给来源主要为降水、积雪融水和冰川等，多年平均径流量100多亿立方米，占阿尔泰地区总径流量89%。河水注入斋桑泊，成为俄罗斯境内著名大河——鄂毕河的上游，最后流入北冰洋。

乌伦古河，支流在山区，山前为散失区，全长573千米，最后归宿于乌伦古湖（布伦托海、福海）。在二台站以上，乌伦古河的流域面积为2.2万平方千米，补给来源也是以冬季积雪为主，多年平均径流量11亿立方米。两河上游多峡谷和断陷盆地，落差大，水流清澈，含泥沙少，水力蕴藏量约50万千瓦。

参差的山岭上，植被垂直分布明显。1 100米以下为山麓草原带；

1 100米～2 300米为森林带，生长西伯利亚松、西伯利亚冷杉、云杉等；2 300米以上为山地草甸带与亚高山草甸带，为良好的夏季牧场。

在阿尔泰山可以看出4个相当分明的植被区：山地亚沙漠带、山地草原带、山地森林带及高山带。

第一个植被区可见于蒙古阿尔泰山和戈壁阿尔泰山的低坡和山谷，夏季高温少雨，稀疏的植物包括一些耐旱耐盐的草木。山地草原带在北部高约610米，在南部和东部高达2 012米；草甸和混生草草原以草皮草、牧草和草原灌木为特征。山地森林带由泰加林(亦称北方森林，即沼泽地针叶林)构成，为阿尔泰山本体所特有；它大约覆盖70%的山地面积，大多分布在中低山区。森林可以达到海拔1 981米，但在阿尔泰山的中部和东部的比较干燥的山坡上可以延伸到海拔2 438米左右。最为普遍的是针叶树种——落叶松、枞及松(包括西伯利亚松)，但也有大片地区为次生桦木森林和白杨森林所覆盖。在蒙古阿尔泰山和戈壁阿尔泰山实际上并不存在森林带，但却有零星的针叶树丛生长在河谷里。高山带植物——亚高山灌木广泛存在夏季牧场的草甸，其次是苔和裸石及冰，仅见于最高的山岭。

贺兰山

贺兰山脉位于宁夏回族自治区与内蒙古自治区交界处，北起巴彦敖包，南至毛土坑敖包及青铜峡。贺兰山山势雄伟，无数英雄人物曾驻马于此，写下了一篇篇有名的诗文。

贺兰山脉海拔2 000米～3 000米，主峰敖包圪垯位于银川西北，海拔3 556米，是宁夏境内的最高峰。贺兰山脉为南北走向，绵延200多千米，宽约30千米，是中国西北地区的重要地理界线。山体东侧巍峨壮观，峰峦重叠，崖谷险峻。向东俯瞰黄河河套和鄂尔多斯高原。山体西侧地势和缓，没入阿

> **知识链接**
>
> 贺兰山自然资源丰富。山前冲积平原上草场辽阔，是宁夏滩羊的重要产区，所产滩羊二毛皮古称"千金裘"，毛色细润，卷曲如云。山区富含优质煤炭，有石嘴山等10座大型矿区。另外还有磷灰岩、石英砂岩、灰岩、黏土岩等矿产，其中小滚钟口生产的黏板岩质地细润，清雅莹柔，用它雕成的贺兰石砚是宁夏"五宝"之一。

拉善高原。

贺兰山植被垂直带变化明显，有高山灌丛草甸、落叶阔叶林、针阔叶混交林、青海云杉林、油松林、山地草原等多种类型。其中分布于海拔2 400米～3 100米的阴坡的青海云杉纯林带郁闭度大，更新良好，是贺兰山区最重要的林带。植物有青海云杉、山杨、白桦、油松、蒙古扁桃等665种。动物有马鹿、獐、盘羊、金钱豹、青羊、石貂、蓝马鸡等180余种。1988年国务院公布贺兰山自然保护区为国家级保护区，面积6.1万公顷。

贺兰山是温带荒漠与温带荒漠草原的分界线，又是西北内流区与外流区的分水岭。高耸的地形及良好植被对保护富庶的银川平原的生态环境具有重要作用。

贺兰山山间有数个东西向山谷，著名的有贺兰口、苏峪口、三关口、拜寺口，自古以来就是东西交通要道。山前地带西夏名胜古迹丰富多彩，有西夏陵园、滚钟口、拜寺口双塔等名胜古迹和独特的沙湖风景区。

贺兰山东南端为青铜峡，峡谷在蓝天和黄河映衬下呈现出青铜色。相传大禹治水时，劈开贺兰山，引黄河水北流，通过的地方就是青铜峡。贺兰山西侧有内蒙重镇巴彦浩特，蒙古语为"富饶的城"。

▲贺兰山

三 景致中国

◆贺兰山之牧山

富饶的贺兰山是一个放牧的好地方，因此，这里也被称为"牧山"。

分布在贺兰山西边的阿拉善双峰骆驼，在长期演化过程中形成了独特的生理机能和抗逆性，在各个历史时期扮演着人类穿越沙漠的工具这一角色，同时，阿拉善骆驼的驼毛有着极高的经济价值，曾被当年穿越阿拉善沙漠的马可·波罗称赞为世界上最好的驼毛。这种价值被西方人认识后，他们特意在黄河边的磴口、临河、石嘴山一带设立了洋行，专门收购驼毛。阿拉善驼毛穿越贺兰山送到这些洋行，水运到包头，再采取陆路方式运到天津，然后出海运往西方，制成毛线、毛呢后，返销到中国。仅1941年前后的定远营在树贵的一个小分点，一年就收购驼毛5 000千克。抗日战争期间，蒋经国到西北地区考察后，在一次西北的宴席上称赞"西北之皮毛，实为西北之精华"。

> **知识链接**
>
> 银川市境内贺兰山东麓，分布着极为丰富的岩画遗存。自20世纪80年代贺兰山岩画被大量发现并公布于世后，在国内外引起强烈反响。1991年和2000年，联合国教科文组织所属的国际岩画委员会在亚洲召开的两次年会，都选择在银川举行。1996年，贺兰山岩画被国务院公布为全国重点文物保护单位，1997年，国际岩画委员会将贺兰山岩画列入非正式世界遗产名录。

2002年，阿拉善骆驼被农业部列入国家级78种畜禽品种资源保护名录。目前，阿拉善骆驼总数占全国骆驼总数的三分之二，阿拉善仍然保持着"中国驼乡"的荣誉。在长期的生活和劳动实践中，阿拉善牧民不分男女老少，都练就了一套高超的夏骑马、冬乘骆驼的骑术。放牧中，牧民们三五成群，挑选自己强健的骆驼相互赛跑，以展示骆驼素质为乐趣；每逢婚宴、敖包盛会、寺庙经会等重要集会，散居大漠的牧民相逢驱驼疾驰，自发的赛驼

▲阿拉善的双峰驼

中国的地形

成为深居大漠牧民群众的一大乐趣，形成了悠扬驼铃声中独特的骆驼文化。

贺兰山东麓的宁夏平原上，那些在青草间成长的羊群有着自己的名字——滩羊。宁夏五宝中的"白宝"就是指滩羊皮做成的坎肩、马褂、背心等。尤其是黄河东岸的盐池县滩羊，这些按当地人所说的"吃着甘草、喝着矿泉水"长大的滩羊，给盐池县赢得了"中国滩羊之乡"的美誉。

◆ 贺兰山之陵山

贺兰山这块风水宝地还是昔日帝王择陵的首选之地。

20世纪30年代，中国的摄影还远未形成气候，航空摄影更是凤毛麟角，一位叫卡斯特的德国飞行员，揣着刚刚问世不久的卷帘式莱卡小相机来到了中国。他的职业是驾驶飞机从包头经过银川飞往兰州。卡斯特以自己特有的热情、才华和胆识，背倚蓝天，俯瞰大地，给当时的中国留下一段可见的历史，做了一件中国人想做在当时却做不了的事，不仅为开拓中德两国人民的航空事业作出了不朽的贡献，还用相机和文字见证了中国航空历史。他就是利用跟随飞机飞行的机会，拍下了几幅他当时也不知道是什么东西的照片，那是一连串高大的土筑建筑物，它们按照某种神秘的顺序排列着。照片后来被收进他1938年在德国出版的一本名叫《中国飞行》的书中。卡斯特当时从空中拍摄的照片，就是20世纪后期被人们逐渐认识并被称为"东方的金字塔"的西夏王陵。

从开国帝王元昊将自己的爷爷李继迁埋葬在贺兰山东麓开始，西夏的历

▲ 西夏王陵

代君王都非常看重贺兰山东麓背听松涛、俯瞰黄河的风水之地，将自己的陵墓修建在这里，经过190多年的持续修建，形成了贺兰山下壮观的帝王陵墓群。千百年来，世态变迁，那些收留昔日帝王身躯的西夏王陵，如今已成一堆堆土冢，坐落在贺兰山下，与北京的明十三陵、河南巩县的宋陵并称中国三大帝王古陵。那些看起来很普通的几十个土堆零零星星地散居在一片约50平方千米的开阔地上，置身于宏伟高大的贺兰山大背景前，看起来那么瘦弱和寂然，它们仿佛在静静聆听古老帝国的脉动，也聆听着贺兰山这片曾经的古战场上的鼓角声和震撼人心的悲壮呐喊声。

▲吉兰泰盐场

◆ 贺兰山之盐山

贺兰山西边的盐场是我国著名的池盐生产区，自汉代开始开发，西夏时，那里的盐成为西夏王朝和宋、辽交换帝国所需的铜铁、丝绸、粮食的重要战略物资。这里是清朝13个大盐场之一，所产的盐一度曾远销到陕、甘、晋、宁等地。

大小58个盐湖分布在贺兰山西边的沙漠中，储藏量为11 400万吨的吉兰泰盐场是这些盐湖中面积最大的。由于盐湖处于贺兰山北端的乌兰布和沙漠、西边的腾格里沙漠和西北边的巴丹吉林沙漠三面包围中，距离蒙语意为"红色的公牛"的乌兰布和沙漠最近，所以有"红色公牛背上的白色骑士"之称。

早在20世纪90年代中期，中国每年就需要800万吨以上的食盐，加上工业用盐，中国年产盐量必须达到2 000万吨以上才能保证整个国家的用盐需求，而这800万吨的1/10和2 000万吨的1/25就来自贺兰山西侧的吉兰泰盐场。

吉兰泰盐场和贺兰山西侧的察汗布鲁克盐池、雅布赖盐池、和屯盐池等8处盐池一起合称为阿拉善盐场。这些分布在贺兰山下的盐场中，吉兰泰

中国的地形

盐场、通湖盐池的盐如雪一般洁白,被称为"白盐";察汗布鲁克盐池颜色微青,所产的盐为"青盐";和屯盐池和昭化盐池的盐色青微红,叫"红盐";梧桐海盐池因为所产的盐颜色发黑而被称为"黑盐"。这些色泽不同的盐,构成了中国盐池中独具自己特色的"盐色博物馆"。

遥想当年,每逢运盐季节,成千上万峰骆驼从蒙古草原上云集而来,人喊驼叫,一片繁忙,装载启程的骆驼一链接一链,横越过贺兰山,那该是怎样的一幅画面!水运没被禁止前,吉兰泰盐场的盐大多运往包头、陕西北部和山西大部分地区,改成陆路运输后,大多运往宁夏、甘肃陇东地区、山西中部和河南地区;察汗布鲁克盐池的销售区域和吉兰泰盐场的改陆路后的方向大致相当,有时将销售区域延伸到湖北省一带;和屯盐池的销售区域则主要集中在宁夏境内,也有不少远销到陕西和河南一带;雅布赖盐池的盐大致销往甘肃的河西走廊一带、兰州、陕西汉中和甘肃陇东地区。这样,在贺兰山西侧就形成了中国盐业中唯一的一条大规模运盐驼道。

运输驼队大多是每年的10月开始起场,从阿拉善的各个角落集聚到贺兰山下的各个盐场,组成七八峰到十几峰数量不等的驼队,一个驼工管理一链骆驼,三四个驼工就组成了一个驼运组,每个骆驼都挂着驼铃,叮咚作响的

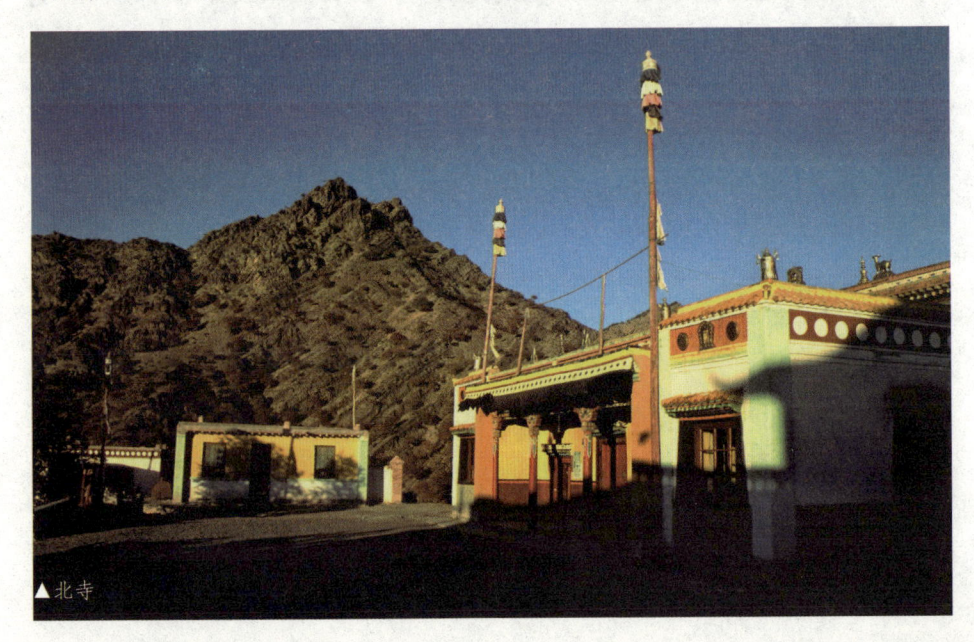

▲ 北寺

驼铃就这样响彻了贺兰山两侧。一直响到第二年2月左右，整个寒冷孤寂的贺兰山就这样丰富了自己的冬天，漫天的雪花飞扬时，白皑皑的贺兰山两侧，黄色的驼群缓缓走过贺兰山的视野，也走过了中国西北地区盐业的记忆。

◆ 人文景致

贺兰山由于地理位置的特殊性，历来布满刀光剑影。它地处中国农耕民族和游牧民族的交接地带，民族迁移十分频繁，在历史上是游牧民族通往中原地区的重要屏障，被誉为"朔方之保障，沙漠之咽喉"。众多的谷口平时是贸易交通要道，战时就是兵家必争之地。唐代诗人王维有诗写道："贺兰山下阵如云，羽檄交驰日夕闻。"以"阵如云"、"羽檄交驰"形象地描绘了激烈的战争场面。岳飞《满江红》里"驾长车，踏破贺兰山阙"的名句，也曾激励过众多热血男儿奔赴沙场，报效国家！

贺兰山北麓有北寺（福因寺），是阿拉善盟规模最大的一座寺庙，亭、堂、殿、阁遍布山中，古朴长廊直通山腰。主庙西端的白塔，高10米，与庙宇遥遥相对，交相辉映，气势非凡。寺内烛光通明，喇嘛身披袈裟，击鼓诵经，香烟缭绕，普度众生。山麓南缘是南寺（广宗寺），寺庙依山而建，参差错落，清溪涓涓，松柏常青，晨钟暮鼓，是著名的旅游胜地。

贺兰山在古代是匈奴、鲜卑、突厥、回鹘、吐蕃、党项等北方少数民族驻牧游猎、生息繁衍的地方。他们把生产生活的场景，凿刻在贺兰山的岩石上，来表现对美好生活的向往与追求，再现了他们当时的审美观、社会习俗和生活情趣。在南北长200多千米的贺兰山腹地，就有20多处遗存岩画。其中最具有代表性的是贺兰口岩画。

> **知识链接**
>
> 《宁夏风物志》中记载，滩羊是蒙古羊的一个品种，后来迁移到贺兰山东麓的宁夏平原上，品种的优异，再加上有丰足的牧草和多种草药作为"主食"，使宁夏的滩羊成了世界上独一无二的优良品种。古人有"肥马轻裘"之说，宁夏人经过长期的摸索，将1个月左右的滩羊羔皮制成二毛皮，薄如同厚纸，柔软的外观中带有坚韧的质地，再采用民间工艺将二毛皮制成男女冬装，一件皮衣只有1～1.5千克重，倒提起来，能看见洁白的毛穗顺次下垂，犹如梨花纷纷飘落。精制的皮衣如果养护得当，10年左右也毛不生絮、束不结毡。

珍藏中国 中国的地形

横断山

横断山是世界上年轻的山系之一，也是中国最长、最宽和最典型的南北向山系。这里也是全世界唯一兼有太平洋和印度洋水系的地区。

一般而言，横断山脉是四川、云南两省西部和西藏自治区东部南北向山脉的总称。因"横断"东西间交通，因此得名。大体来说，横断山脉位于青藏高原的东南部。

横断山脉岭谷高低悬殊。邛崃山岭脊海拔3 000米以上，主峰四姑娘山海拔6 250米，其东南坡相对高差达5 000余米。

大雪山主峰贡嘎山海拔7 556米，为横断山脉最高峰。其东坡从大渡河谷底到山顶水平距离仅29千米，而相对高差竟达6 400米之巨。沙鲁里山海拔一般在5 000米以上，北部的高峰雀儿山海拔6 168米。其西的金沙江、澜沧江和怒江（即所谓三江并流），相距最近处在北纬的直线距离仅76千米。三江江面狭窄，两岸陡峻，属典型的"V"字形深切峡谷。金沙江石鼓附近的虎跳峡是世界著名的峡谷之一。

横断山脉山间盆地、湖泊众多，古冰川侵蚀与堆积地貌广布，现代冰川作用发育，重力地貌作用，如山崩、滑坡和泥石流屡见。同时，山脉附近地震频繁，是中国主要的地震带之一。著名的鲜水河、安宁河和小江等地震带都分布于本区。

横断山脉受高空西风环流、印度洋和太平洋季风环流的影响，冬干夏雨，干湿季非常明显。一般5月中旬到10月中旬为湿季，降水量占全年的85%

> **知识链接**
>
> 横断山脉范围界限有"广义"和"狭义"之说。按"广义"说，横断山脉东起邛崃山，西抵伯舒拉岭，北界位于昌都、甘孜至马尔康一线，南界抵达中缅边境的山区，面积60余万平方千米。境内山川南北纵贯，东西并列，自东而西有邛崃山、大渡河、大雪山、雅砻江、沙鲁里山、金沙江、芒康山（宁静山）、澜沧江、怒山、怒江和高黎贡山等。
>
> 狭义的横断山脉：山河自西向东包括伯舒拉岭-黎贡山、怒江，他念他翁山-怒山（碧罗雪山）、澜沧江，宁静山（芒康山）-云岭、金沙江，大致在今天所谓的"三江并流"区域。

以上，不少地区超过90%，且主要集中于6、7、8三个月；从10月中旬至翌年5月中旬为干季，降雨少，日照长，蒸发大、空气干燥。气候有明显的垂直变化，高原年平均气温14℃～16℃，最冷月6℃～9℃，谷地年平均气温可达20℃以上。南北走向的山体屏障了西部水汽的进入，如

▲四川，横断山脉

高黎贡山东坡保山，年降水量903毫米，年均相对湿度70%；西坡龙陵年降水量2595毫米，平均相对湿度83%。

横断山脉的植被南北差异大，北纬27°40′以南的地带植被为亚热带常绿阔叶林。西部受西南季风影响多地形雨，温和湿润；云岭一带湿度减低，背风谷地更为干旱。山地植被以云南松为主，农业区主要在2 800千米以下。2 300米以下有茶、油桐、核桃、板栗等经济林木。北纬27°40′以北垂直分带明显，2 800米～3 800米分布有高山松林、云南松林，阴坡为云杉林；3 900米～4 200米为冷杉、红杉林；4 200米以上为高山灌丛、草甸带；4 800米～5 200米植被稀疏。农作物上限约在3 910米。北纬30°以北，3 200米～4 200米为寒温带针叶林，以云杉林为主。横断山脉是中国的重要林区，但是，由于这里山势坡度大，采伐不当，很容易造成水土流失和环境破坏。

横断山脉是中国重要的有色金属矿产地。其中金沙江、澜沧江和怒江成矿带以有色金属为主的各种矿藏多达百种以上。这里还有丰富的古代植物资源，许多古植物的遗留种属，如乔杉、铁杉、连香树、水青树、珙桐等在这里都有分布。许多第三纪的古老植物种类，如云杉属和冷杉属等种类在这里的生长量占全国一半以上。

横断山脉森林资源富饶而广布，是中国第二大林区——西南林区的主体部分。森林种类极为复杂。经济林木和果木丰富。盛产贝母、冬虫夏草、

天麻、大黄、三七、麻黄等各种中药材。花卉种类更为繁多，尤以多种杜鹃花、报春花和山茶花为著。动物兼具东洋界西南区、古北界青藏高原区和北方华北区等多种成分，兽类、鸟类和鱼类约占全国总数一半以上；珍贵稀有动物属国家保护的有大熊猫、金丝猴、黑金丝猴、白唇鹿、牛羚、野牛、野象、长臂猿、小熊猫、斑羚、林麝、豹、云豹、马麝、水鹿、藏雪鸡、绿尾红雉、血雉等。

大兴安岭

▲漠河雪原风光

大兴安岭位于中国东北，是内蒙古自治区的主要山系。山脉南起于热河高地(承德平原)，北迄黑龙江，南北长约1 220千米，是其东侧的松辽平原与西侧高大的内蒙古高原的分界，也是其东侧的辽河水系、松花江和嫩江水系与其西北侧的黑龙江源头诸水及支流的分水岭，山脉南段西坡的水注入内蒙古高原。

大兴安岭是我国纬度最北、面积最大的现代化国有林区，总面积8.46万平方千米。林区的林木蓄积量5.01亿立方米，占全国总蓄积量的7.8%，林区总人

三 景致中国

▲ 大兴安岭四方山

口51万，所辖边境线长达791.5千米。林区下辖塔河、漠河、呼玛三县，加格达奇、松岭、新林、呼中、四区和得耳布尔、莫尔道嘎等14个林业局。

大兴安岭平均海拔1 200米~1 300米，最高峰达2 035米。山脉北段较宽，达306千米，南段仅宽97千米。大兴安岭形成于侏罗纪造山运动时期，沿东侧的走向断层掀升翘起，成为掀斜断块，造成东西两坡的斜度不对称。东坡较陡，西坡则向内蒙古高原和缓倾斜。大兴安岭的岩石大部为火成岩，地形平滑，山顶浑圆，山坡较平缓。山脉东坡被嫩江及松花江的许多支流深深地切割，形成山谷。

夏季，海洋季风受阻于大兴安岭山地东坡，致使东坡降水多，西坡干旱，二者呈明显的对比。不过，整体而言，山区的气候比较湿润，年降水量在500毫米以上。山脉北段是中国东部地区最冷之地，冬季严寒，有大面积多年冻土区。湿润的气候

知识链接

胭脂沟又称老金沟。它全长14千米，是额木尔河的一条支流，以盛产黄金而闻名于世。胭脂沟从发现至今已有100多年的历史了，这里的沙土已被筛淘过几十遍，但是，至今仍可以淘到黄金，可见这里黄金储量之丰富。

药泉山也叫极乐山，位于火山群的南部。它喷发年代大约在30万年以前，火山海拔355.8米，高出地面60.8米，远看像某个土山。它是五大连池火山群中海拔最低、规模最小的火山，但形态较典型。

北饮泉位于药泉湖东南150米的石龙岩的西侧，于1954年发现，是饮用矿泉水。在泉口可见有二氧化碳气泡冒出，状若沸腾。北饮泉既是饮用天然矿泉水，也是医疗矿泉水。

漠河，又称墨河，据说是因河水黑如墨而得名。漠河位于我国最北端，隶属于黑龙江大兴安岭地区，东临塔河，西南接内蒙古额尔古纳左、右两旗，北至黑龙江主航道中心线，与俄罗斯阿穆尔州、赤塔州隔江相望。由于地理位置独特，资源丰富，天象奇特，有"金鸡冠上之璀璨明珠"的美誉。

和茂密的森林给野生动物提供了良好的生活环境。这里有鹿、麋、貂、山兔及许多毛皮兽。

相比而言，山脉中段与南段温暖干燥得多，年降水量较少。北段的针叶林在南段逐渐转变成阔叶林，最后是点缀于林地之间的草场。山脉南段的森林覆被达到海拔1 500米以上的高地，但此地更大面积覆被着蒿草。

太行山

▲太行八陉之太行陉碗子城西门

太行山以它的磅礴气势，雄踞在河北、河南和山西省之间，是中国东部地区的重要山脉和地理分界线。太行山北起北京关沟，南止于黄河谷地，西接山西高原，东临华北平原，走向北东，长4 000多千米，宽约100千米。

太行山北段的西山构成北京西部山地的主体，山体主要由古老的变质岩及岩浆岩构成。以中山为主，平均海拔在1 000米以上。海拔2 000米以上的高峰有小五台山、灵山、太白山、东灵山、南培山、曲阳山、白石山等。山势东陡西缓，西翼连接山西高原，东翼由中山、低山、丘陵过渡到平原。山

知识链接

陉，音xíng，指山脉中断的地方。晋朝郭缘生《述征记》中说："太行山首始于河内，北至幽州，凡有八陉，是山凡中断皆曰陉。"

太行山中有许多东-西向的横谷（陉），著名的有军都陉、蒲阴径、飞狐陉、井陉、滏口陉、白陉、太行陉、轵关陉等，古称太行八陉。它们是古代晋冀豫三省穿越太行山相互往来的8条咽喉通道，也是三省边界的重要军事关隘。

第一陉为轵关陉。轵，战国时魏城，故址在今河南省济源市东的轵城镇。轵关陉在济源县西11华里处，关当孔道，因曰轵关。形势险峻，自古为用兵之地。

第二陉是太行陉。在今河南省沁阳县西北35华里处，陉阔三步，长40华里。沿陉北上太行，在山西省晋城之南的太行山上，有关名曰"太行关"。又称天井关、雄定关。形势雄峻，素称天险。由此陉南下可直抵虎牢关，是逐鹿中原的要陉之一。

第三陉是白陉。在河南辉县西50华里处。据此陉可南渡黄河攻开封，东可向大名进击，北可窥安阳、邯郸，是个可攻可退可守的军事要地。

第四陉是滏口陉。在今河北省武安县之南和磁县之间的滏山，是沟通豫北安阳和河北邯郸与晋的孔道。古人云："由此陉东出磁、邢，可以援赵、魏。"

第五陉是井陉。井陉为古关名，又称土门关。故址在今河北省井陉县的井陉山上。井陉是连通晋冀鲁的要冲，其军事地位十分重要。

第六陉是飞狐陉，也称飞狐口。该陉位于今河北省涞源县北和蔚县之南。两崖峭立，一线微通，蜿蜒百余华里。古人云："踞飞狐，扼吭拊背，进逼幽、燕，最胜之地也。"

第七陉是蒲阴陉。在今河北省易县西紫荆岭上。山岭有紫荆关，也称子庄关。宋时称金陂关，元、明以来始称紫荆关。其地峰峦峭峙，仄陉内通，是通达山西大同的军事要隘。

第八陉即军都陉。在今北京市昌平县西北之居庸山。古名军都山，军都陉有关曰居庸关，因其在居庸山中而得名。又称军都关。北齐称纳款关，唐曰蓟门关。其地层峦叠嶂，形势雄伟，悬崖夹峙，巨涧中流，奇险天开，古称要隘。此陉是古代出燕入晋北去内蒙塞外的咽喉之路。

随着时间的推移，现今的"太行八陉"已被公路、铁路所替代，变成了通途，昔日的军事关隘已成为日夜不息、奔腾不止的经济建设的大动脉。

区煤炭资源丰富，且有铁、铜、钼、金、钨等金属。自然植被大多已遭破坏，2 000米上下出现高山草甸。东部山麓一线为古今重要的交通要道。

太行山山中多雄关，著名的有河北的紫荆关，山西的娘子关、虹梯关、壶关、天井关等。山西高原的河流经太行山流入华北平原，流曲清澈，峡谷毗连，多瀑布湍流。河谷及山前地带多泉水，以娘子关泉为最大。河谷两岸有多层溶洞，著名的有陵川的黄围洞、晋城的黄龙洞、黎城的黄崖洞和北京房山的云水洞等。在太行山深山区河北赞皇县，有世界最大的天然回音壁。

▲太行山红岩绝壁长廊

太行山的自然植被因垂直温差而异，如小五台山南坡，1 000米以下为灌丛，1 000米以上偶有云极或落叶松。北坡1 600米以下是夏绿林，1 600米～2 500米是高亚草原。

巍巍太行矗立在祖国的北方，古今诗人留下许多赞美她的诗句。陈毅同志的《过太行山抒怀》写道："太行山似海，波澜壮天地。山峡十九转，奇峰当面立。"生动地描绘了太行山的雄姿。

巫山

巫山位于重庆市东北部，三峡库区腹心，素有"渝东门户"之称。

巫山地跨长江巫峡两岸，东邻湖北省巴东县，西接奉节县，南与湖北省建始县毗连，北与巫溪县及神农架林区接壤。巫山属亚热带季风性湿润气候，气候温和，雨量充沛，年平均气温18.4℃，年平均降水量1 041毫米。

巫山是重庆市的东大门，是游览长江三峡的必经之地，是长江三峡库区

三 景致中国

的重镇。巫山历史悠久，古迹纷呈，资源丰富。早在204万年前，亚洲最早的直立人——巫山人就在这里生息繁衍。

巫山自然风光独树一帜。巫峡以幽深秀丽闻名天下，峡深谷长迂回曲折，著名的"巫山十二峰"并列大江南北，尤以神女峰最秀丽。峡中云雨之多，变化之频，云态之美，雨景之奇，令人叹为观止。唐代诗人元稹传之千古的绝唱"曾经沧海难为水，除却巫山不是云"就是对长江三峡巫山那万古不衰的神韵和魅力的概括。

> **知识链接**
>
> 巫山的"三台八景"也笼罩着一层神秘的色彩。"三台"是授书台、楚阳台、斩龙台。"八景"是南陵春晓、夕阳返照、宁河晚渡、清溪渔钓、澄潭秋月、秀峰禅刹、女贞观石、朝云暮雨。

▲巫山神女峰

珍藏中国 中国的地形

雪峰山

　　雪峰山，由于山顶长年积雪而得名。雪峰山脉主体位于湖南中部和西部，是湖南境内重要的山脉，雪峰山也是湖南西部沅江与资水的分水岭。它南起湖南省与广西壮族自治区边境，与八十里大南山相接；北止洞庭湖滨；西到湘西丘陵；东至湘中丘陵。

　　雪峰山属于"原始江南古陆"的西南段，北-西突出的弧形构造。山地冬冷夏凉、潮湿多雨。高居1 405米处的雪峰气象站平均气温10.5℃，1月平均气温-0.5℃，7月平均气

> **知识链接**
>
> 　　2004年，雪峰山设立了国家级森林公园，名为"湖南雪峰山国家森林公园"。这是雪峰山森林资源保护和开发历史上的重要一步。
> 　　雪峰山素以"天险"闻名于世。有史以来，雪峰山就是华夏中原大地通向大西南的天然屏障。雪峰山森林公园正处在雪峰山主峰腹地，总面积3 478.1公顷，森林覆盖率98.88%。园内剑峰千仞，天造地设，群山巍峨，原始次森林如同仙境，春夏秋冬景观分明。登上公园顶端的帽子岭，云海、瑞雪、雾凇、日出、晚霞尽收眼底。天池、瑶池等高山湿地星罗棋布，溪流多达16条，水声鸣佩，碧绿澄清。气候独特，物种繁多，已知木本植物90余科700多种，野生动物108种。雪峰山是大自然点缀在湘桂大地上的一颗美丽的翡翠。

▼雪峰山中部梯田

温18.3℃，年降水量1 780毫米，相对湿度87%，雾日247天，年日照时数1 144小时，年积雪日数19天。山地主要土壤为黄壤，分布在海拔200米～1 000米的地带；1 000米～1 400米的地带分布有黄棕壤，顶部为山地草甸土。

雪峰山的植被以亚热带常绿阔叶林及各种杉木为主，森林植被具有较明显的垂直带分布。这里的植被处于华中区系与华南区系的交汇地带，具有较多的黔桂区系成分。

雪峰山的森林资源约占湖南省的50%～60%，在佴溪（洞口）、八面山（黔阳）、黄双（绥宁）、竹岔山（城步）、云山（武冈）、界福山（新宁）等原始次生林区可见三尖杉、泡花楠、香果树、银木荷、红豆杉、金叶白兰、鹅掌楸、亮叶水青冈、五针松、长苞铁杉、银杏、云山钟萼木、云山椴、云山白兰、银杉等若干特有和古稀珍贵树种。林麝、毛冠鹿、水鹿、华南虎、金钱豹及红腹锦鸡、黄腹角雉、金鸡、白鹇、相思鸟等珍禽异兽常栖息其间。

南岭

南岭西起广西壮族自治区西北部，经湖南省南部、江西省南部至广东省北部，东西绵延1 400千米，分隔开了长江流域和珠江流域。南岭的高度一般在1 000米左右，少数花岗岩构成的山峰海拔在1500米以上，如越城岭主峰真宝顶、都庞岭主峰韭菜岭、萌渚岭主峰山马塘顶、骑田岭等。各处山岭间夹有低谷盆地。

南岭西段的盆地多由石灰岩组成，形成喀斯特地貌；东段的盆地多由红色沙砾岩组成，经风化侵蚀形成丹霞地貌。地质学上的"丹霞"一词，就是因为大庾岭西南侧的丹霞山而得名。

低谷的隘口构成了南岭当中南北交通的孔道。这样的孔道主要有三处：第一处是桂岭路，位于越城岭与海洋山之间。公元前221年至公元前206年，秦朝政府征集

> **知识链接**
>
> 南岭是位于湖南、江西、广东三省及广西壮族自治区边境山系的总称。狭义的南岭指的是越城、都庞、萌渚、骑田、大庾五个山岭，故又称五岭。广义的南岭还包括五岭邻近的苗儿山、海洋山、九嶷山、香花岭、瑶山、九连山等。

| 珍藏中国 | 中国的地形

▲ 南岭山脉

知识链接

南岭有超过2000种的植物，还拥有广东唯一一处原始森林，因此这里被称为"南岭和生物多样性特丰之地"。莽莽林海，一望无际，古木参天，松柏苍翠，高山杜鹃，南岭箭竹，奇花异草，珍禽鸟兽，令人赏心悦目。自山脚而上，常绿阔叶林、针阔混交林、高山矮林三个垂直景观带各有意趣，尤以古朴苍劲、千姿百态的广东松闻名。山里气候垂直分布十分清晰。夏季的南岭是避暑胜地。一山有四季，十里不同天，朝暮之间，瞬息万变。云海日出，壮丽多姿，时有佛光奇景，隐现于彩虹之中，无时不带给游人种种遐想。雄伟的山峰景观，幽静的溪谷景观，秀丽的植物景观，神奇的气象景观，有机巧妙地组成一幅幅宜人美景。春天花山似海，夏天飞瀑流泉，秋天层林尽染，冬天银装素裹，美不胜收。

民夫，在桂江上游与湘江上游之间开凿了灵渠（即兴安运河），这是沟通长江水系与珠江水系的唯一水道，一直沿用至今。现在的湘桂铁路也循此通过。二为折岭路，沿北江上游武水谷地通过，京广铁路由此处经过。第三处是梅岭路，位于西北江上游浈水谷地的南雄，越大庾岭的小梅关至赣江上游，为沟通广东与江西的主要通路。

南岭的高度虽不算高，但对阻挡南下的寒潮

▲ 南岭瀑布

和从东南袭来的台风起重要作用。南岭以南的地区，气候终年温暖，少见霜雪；南岭以北的地区，冬季比较寒冷，常见飞雪。因此，南岭成中国自然地理上的一处重要分界线。

南岭地区在燕山运动期有大量花岗岩侵入地壳上部，在高温高压作用下形成了丰富的有色金属矿，其中以钨、锑矿最为丰富，两种矿藏的储量居于世界前列。

南岭阻挡着南北气流的运行，导致南岭南北坡的水热状况有一定差异。冬天的气温差异最为明显。岭北常见霜雪，越冬作物都比较耐寒；岭南则很少有霜雪，热带性栽培植物比较多。瑶山（属于南岭）以北的坪石，1月平均气温为7.5℃，山南的乐昌平均气温则为9.5℃；萌渚岭以北的江华1月平均气温为7.3℃，而岭南的连县同期气温高达9.5℃。不过，南岭山地间的低谷和垭口是北方寒潮南侵的通道，因此岭南冬季也会受到寒潮的一些威胁。

南岭是长江水系与珠江水系的分水岭。由于溯源侵蚀结果，有些地段的分水岭已经十分低矮狭窄，而且出现河流切穿分水岭脊的现象。珠江水量丰富，加之南岭海拔不高，侵蚀面有向北发展的趋势。

中国的地形

南岭降水丰富，年降水量达1 500毫米~2 000毫米。由于山岭阻挡作用，南侧降水比北侧稍多。春季静止锋驻留长达2个月之久，春雨尤为丰富；夏秋之交多台风雨，冬季多锋面雨，降水季节分配较匀。南岭山区地势高差虽不悬殊，但仍存在气候的垂直差异。

南岭有深壑幽谷，清溪长流，飞瀑连缀，一瀑一景，绚丽壮观，水极清澈，空气清新，长长的风景画廊，动人心弦。

秦岭

我国最重要的一条地理分界线就是秦岭-淮河分界线，这条分界线分割出了中国的南方和北方。其中的秦岭，就是我们即将步入的地方。

广义的秦岭指的是横亘于中国中部的一条东西走向的巨大山脉。它西起甘肃省临潭县北部的白石山，并以迭山与昆仑山脉分界。向东经天水南部的麦积山进入陕西，又在陕西与河南交界处分为三支：北支为崤山，余脉沿黄河南岸向东延伸，通称邙山；中支为熊耳山；南支为伏牛山。秦岭山脉南部的一小部分由陕西延伸至湖北郧县。秦岭山脉全长1 600千米，南北宽数十千米至二三百千米，面积广大，山势雄壮，蔚为壮观。

狭义的秦岭指的则是秦岭山脉中段位于陕西省中部的一部分。这一部分在汉代即有"秦岭"之名，又因为它地处关中以南，得名"南山"。这部分山脉海拔在2 000米~3 000米之间。北侧断层陷落。山体雄伟，势如屏壁。《史记》中说："秦岭，天下之大阻也。"因此，它又有"九州之险"的称号。

知识链接

秦岭肩负着许多重要的分界"工作"：在地理学家眼里，秦岭是南方和北方的分界线，是长江黄河的分水岭；在动物学家眼里，秦岭将动物区系划分为古北界和东洋界，两类截然不同的动物在这里交会、融合；在气候学家眼里，秦岭是北亚热带和暖温带的过渡地带。岭南为副热带季风气候，最冷月平均气温在0℃以上，年降水量在800毫米以上，冬季温和少雨；岭北为温带季风气候，最冷月平均气温在0℃以下，年降水量在800毫米以下，冬季寒冷干燥。秦岭-淮河一线还是中国800毫米等降水量线，水田旱地分布的分界线，一月份0℃等温线，水稻小麦种植分界线。

三 景致中国

秦淮以北的大部分地区，河湖冬季结冰，每当冬季来临，北风呼啸，大部分的树会落叶，不落叶的树叶多呈针状，叫做针叶树。由于北方地区年降水量较少，降水多集中在夏季，所以河流的水量不大，水位变化大，只有夏季才形成汛期，时间也比较短，河流的含沙量较大。而在秦淮以南地区则正好相反，冬季不结冰，树木不落叶，一年四季常绿。河流的水量较大，水位变化不大，汛期时间长，河水含沙量较小。

从农业生产及人们生活习俗来看，秦淮南北的差异就更明显。北

▲麦积山石雕

▲秦岭主峰太白山

中国的地形

方耕地为旱地，主要作物为小麦和杂粮，一年两熟或两年三熟；南方则主要是水田，农作物主要是水稻和甘蔗、茶叶等亚热带经济作物，一年两熟或三熟。人们平常所说的"北麦南稻，南船北马"是这种差异的真实写照。秦岭-淮河一线经过甘、陕、豫、皖、苏等省，是中国东部地区一条重要的地理分界线，其南、北在气候、河流、植被、土壤、农业生产等方面，都有显著差异。

由于秦岭所处的地理位置特殊，其南北坡的自然景观差异明显。植物区系成分和动物种属成分具有明显的过渡性、混杂性和复杂多样性。这里的野生动物中有大熊猫、金丝猴、羚羊等珍贵品种；鸟类有国家一类保护对象朱鹮和黑鹳。在秦岭的高山密林里，还藏匿着鬣羚、斑羚、野猪、黑熊、林麝、小鹿、刺猬、竹鼠、鼯鼠、松鼠等数不清的哺乳动物，以及堪称世界最为丰富的雉鸡类族群。

秦岭北部是渭河，它是黄河最大的一条支流；南部是汉江，这也是长江最大的一条支流。可以说，这座巍峨的山脉养育出了两条对中国人而言最为重要的河流。

正是因为有秦岭作为气候屏障，才会有八百里秦川的风调雨顺，才会有周、秦、汉、唐的绝代风华。中华民族最引以为骄傲的古代文明，完完全全得益于这样一座朴实无华的、由巨大花岗岩体构成的山脉。

知识链接

秦岭南北的人文景观亦各具特色。北面的关中平原史称"八百里秦川"，自新石器时代就出现人类农耕、定居，是中国有名的文物古迹荟萃之地。秦岭间南北向的深切河谷自古就是南北交通孔道，其中著名的有今宝（鸡）成（都）铁路经过的陈仓道、西安至宁陕的子午道、傍褒水至斜水的褒斜道，以及傥骆道、周洋道。在秦岭北坡及关中平原南缘现存众多的文物古迹并流传着丰富的历史故事。

这里还有秦始皇陵及许多帝王陵墓群、周代沣镐遗址、秦阿房宫遗址、楼观台、张良墓、蔡伦墓等古迹。位于西安市南40余千米的终南山自古风景秀丽。附近还有翠华山、南五台、骊山等秀丽山峰，山中分布有明清以来建造的太乙宫、老君庵等大小庙宇40余处，是关中游览避暑的良好场所。

在秦岭山脉西段有麦积山石窟，山体悬崖壁立，状若积麦。自后秦时期开始凿刻，至今保留有194窟，佛像7 000余尊，壁画1 300余平方米，是古代雕塑艺术的宝库。

大江东去

长江

"你从雪山走来，春潮是你的风采。你向东海奔去，惊涛是你的气概。"优美动听的《长江之歌》，诉说着壮阔雄伟的长江的独特风采。

长江发源于青藏高原唐古拉山的主峰——各拉丹冬雪山，是亚洲第一长河，全长6 397千米。长江是世界第三长河，仅次于非洲的尼罗河与南美洲的亚马孙河。它的水量同样是世界第三。长江总流域面积180万平方千米（不包括淮河流域），约占全国土地总面积的1/5。它和黄河一起并称为中国的"母亲河"。

> **知识链接**
>
> 长江共分为上游（包括源头和金沙江）、中游和下游三段。湖北省宜昌市以上为上游，水急滩多；宜昌至江西省湖口间为中游，曲流发达，多湖泊（鄱阳湖最大，洞庭湖次之）；湖口以下为下游，江宽，江口有水流堆积而成的崇明岛。长江的水量和水力资源丰富。每年的盛水期，万吨巨轮可以直接航行到武汉，小轮船可以直接驶入宜宾。

长江发源于中国西部，流经青海、西藏、四川、云南、重庆、湖北、湖南、江西、安徽、江苏、上海等省、直辖市、自治区，最终注入东海。长江流域从西到东长约3 219千米，由北至南宽约966千米。

长江流经中国的"腹部"，流域内人口众多，在分布上有不均衡的特点；人口最密集之地在华中和华东毗连长江两岸及其支流的平原，流域西部的高原地区人口最为稀少。

长江3/4以上的流程穿越山区。全程共有雅砻江、岷江、嘉陵江、沱江、乌江、湘江、汉江、赣江、青弋江、黄浦江等重要支流。其中，汉江是最长的一条支流。这些支流中，分布在干流以北的有雅砻江、岷江、嘉陵江和汉江；分布在干流以南的有乌江、湘江、沅江、赣江和黄浦江。

长江流域是中国经济最发达的地区之一，重要城市有重庆、武汉、南京

中国的地形

▲长江三峡

和上海等。

　　长江可供开发的水能总量达2亿千瓦，是中国水能最富有的河流。主要的水能资源集中在我国第一阶梯和第二阶梯、第二阶梯与第三阶梯的交界处。这些地方地势陡然下降，起伏较大，导致长江流经时水流湍急。

　　长江干流通航里程达2 800多千米，素有"黄金水道"之称。

　　长江在重庆奉节以下至湖北宜昌为雄伟险峻的三峡江段（瞿塘峡、巫峡、西陵峡），世界最大的水利枢纽工程——三峡工程就位于西陵峡中段的三斗坪。除此之外，长江上还有葛洲坝水电站、丹江口水电站等一系列水利工程。

> **知识链接**
>
> 　　长江流域另一处重要的旧石器时代早期文化遗址，是在湖北大冶县湖水乡章山村发现的，被命名为石龙头文化。在全部88件石制品中，石核34件，石片27件，砍砸器17件，刮削器10件。制作方法仍以锤击法为主，有些砍砸器在刃缘相对的一边或一端加以适当的处理，似乎是修理把手的措施。根据北京大学考古实验室的铀系法测定，石龙头第一层的年代距今约28.4万年，是旧石器时代早期的晚段。

长江流域是中国重要的粮仓，产粮量占到全国的一半左右。其中，水稻产量达总量的70%。此外，长江流域内还种植有许多其他的作物，包括棉花、小麦、大麦、玉蜀黍、豆等等。

◆长江分段

在"长江"这一总名称下，有些江段又有它自己的名称。这些独特的名称给长江增添了许多风采。

自长江源头至长江南源的当曲河口，通称为长江正源，也称为沱沱河，这一段的长度为358千米；自当曲河口至青海省玉树县巴塘河口，通称为通天河，长度为813千米；自巴塘河口至四川省宜宾市岷江河口，通称为金沙江，长度为2 308千米；自宜宾市至湖北省宜昌市南津关，俗称为川江，长度为1 033千米；自湖北省枝城市至湖南省岳阳市的城陵矶，该江段因流经古荆州地区，通称为荆江，长度为337千米；"万里长江，险在荆江"，就指的是这一段，荆江段也是长江流经山区、丘陵区后而进入平原区的第一段，荆江的下半段素有"九曲回肠"之称。江西省九江市附近的一段长江，俗称浔阳江，因九江市古称浔阳而得名。江苏省镇江、扬州一带的长江，古称扬子江，因扬州市南面有一通往镇江市的扬子津渡口而得名。

▲三峡新石器时代的石斧

清朝末年，长江门户在帝国主义的炮舰政策下被迫开放，外国船只由吴淞口上溯航行，首经扬子江，外国人便把它作为长江的代称，音译为"Yangtze River"，广为流传。因扬子江之名，既代表不了长江，又有半殖民地色彩，所以现在我们不把它作为长江的代称，而以"Changjiang River"代替"Yangtze River"，作为长江的英文名称。

珍藏中国　**中国的地形**

▲长江上的货轮和小船

◆ 沿江古迹

人类的远古祖先是原上猿和埃及猿，现代人是由腊玛古猿——南方古猿——直立人——智人进化而来的。从现有的考古材料看，中国境内的早期人类是从长江上游云贵高原逐渐向长江下游和黄河流域扩散、迁徙的，长江上游的云贵高原所在的亚洲高原很可能是人类的起源地之一。长江流域已发现的旧石器时代早期古人类遗存有：元谋猿人、巫山猿人、郧县猿人、郧西猿人、和县人，以及贵州黔西观音洞文化和湖北大冶县的石龙头文化。

长江流域现已发现的古人类化石，不仅有直立人，还有早期智人和晚期智人，这对于人类的起源和进化无疑具有重要意义。长江流域古人类体质的进化，显示出与黄种人和现代中国人之间存在着血缘上的连续性，这对中华民族的起源、形成和发展亦具有重要意义。

长江流域旧石器时代石器制作技术的不断进步，骨、角、牙器的出现和使用，为后来的新石器时代的到来准备了技术条件。箭头出现了，弓箭的发明对于古人类的发展具有决定性的意义，极大地推动了渔猎经济的发展，扩大了食物的来源。正是在旧石器晚期食物丰富的基础之上，新石器时代的制陶业和原始种植业才有了可能。

◆ 长江航运

长江是中国主要的运输河流，客货运输密集。长江是海路的延续，将内陆和沿海的港口与其他主要城市连成一个运输网，其中南京、武汉与重庆起主要作用。长江通过大运河与可通航的黄河及渭水相通，大运河还与杭州及天津的海港联系在一起。

由于中国经济的持续快速发展，加之长江沿线的航道不断得到整治，进入21世纪，长江航运迅猛发展。2005年，长江干线货运量达7.950亿吨，超过欧洲的莱茵河和美国的密西西比河，成为世界上运量最大、航运最繁忙的通航河流。2006年，长江干线货运量增至9.9亿吨，2007年一举突破10亿吨大关，达到11.23亿吨，是密西西比河货运量的2倍和莱茵河货运量的3倍。目前，5 000吨级船舶和万吨级船队可全年上行至武汉，2 000吨级船舶可达宜昌，但只有较小的船舶才可到达四川的宜宾。

即便如此，受长江部分地段航道的限制，目前长江航运能力的开发还十分有限。有的专家认为，长江干线航运若完全开发，运能应该在30亿吨，至少相当于10条京广铁路的运输能力，换言之，长江的运能尚有60%亟待开发。

▲长江三峡

> **知识链接**
>
> 三峡是万里长江一段山水壮丽的大峡谷，为中国十大风景名胜之一。它西起四川省奉节县的白帝城，东至湖北省宜昌市的南津关，由瞿塘峡、巫峡、西陵峡组成，全长192千米，其中峡谷段90千米。它是长江风光的精华，神州山水中的瑰宝，古往今来，闪耀着迷人的光彩。

中国的地形

长江不仅有强劲的航运能力，还有丰富的生物资源。长江及其支流和包括洞庭湖、鄱阳湖及太湖这些大湖在内的湖泊鱼类丰富，渔业得到广泛发展。在中国的河流中可找到多达500种鱼类，其中多数栖息在长江及其支流。约30种河流动物具有经济意义，特别是鲤、欧鳊、鲈、马蛤（一种大穴居蛤）和七鳃鳗；最有经济价值的是白、黑阿穆尔鱼，比目鱼及斑点比目鱼。鲟也很重要，峡谷是它良好的产卵区。再往下游，可发现大量鱼子，它们被收集并分散到全国各地供人工养殖。

黄河

黄河被称为中国的"母亲河"。若把祖国比作昂首挺立的雄鸡，黄河便是雄鸡心脏的动脉。

黄河是我国第二长河，它长达5 464千米，流域面积达到75.24万平方千米。黄河源于青海巴颜喀拉山，像一头脊背穹起、昂首欲跃的雄狮，从青藏高原越过青海、甘肃两省的崇山峻岭；横跨宁夏、内蒙古的河套平原；奔腾于晋、陕之间的高山深谷之中；破"龙门"而出，在西岳华山脚下掉头东去，横穿华北平原，急奔渤海之滨。它流经青海、四川、甘肃、宁夏、内蒙古、山西、陕西、河南、山东9个省、自治区，汇集了30多条主要支流和1 000多条溪川，气势宏伟，壮阔威严。

黄河全流域年均降水在400毫米左右，沿途汇集有35条主要支流。较大的支流在上游有湟水、洮河等；中游有清水河、汾河、渭河、沁河；下游有伊河、洛河。黄河下游两岸缺乏湖泊，且河床较高，因此，这一段内流入黄

> **知识链接**
>
> 由于泥沙淤积，黄河中下游的大部分河段里，河床都高于流域内的城市、农田。全靠大堤约束，黄河才能够沿着河道流淌。因而，黄河也被称为"悬河"。
>
> 黄河奔流在中条山与秦岭之间，东行经河南孟津，这里距黄河30千米处，就是我国著名的都城洛阳。洛阳是中国八大古都之一。从东周起，先后有东汉、曹魏、西晋、北魏、隋（炀帝）、唐（武则天）、后梁、后唐等朝代在此建都，被称为"九朝古都"。
>
> 早在五六千年前，洛阳西25千米处就有"仰韶文化"，可见当时的母系氏族公社制相当发达。由此为发端，愈发辉煌。

▲黄河

的河流很少，黄河下游流域面积因而变得很小。

黄河中游河段流经黄土高原地区，因水土流失，支流带入大量泥沙，使黄河成为世界上含沙量最多的河流。黄河最大年输沙量达39.1亿吨（1933年），最高含沙量920千克/立方米（1977年）。

黄河流经了许多地形区。河源至贵德多为山岭和草地高原，属青藏高原。此地海拔均在3 000米以上，山峰超过4 000米，源头河谷地海拔4 200米。贵德自孟津江段是黄土高原地区，黄土高原东为吕梁西坡，南为渭河谷地，北与鄂尔多斯高原相接，西至兰州谷地。黄土高原海拔一般在1 000米～1 300米，地形起伏不平，坡陡沟深，沟谷面积占40%～50%，沟道密度3千米～5千米/平方千米。孟津以下，进入地势低平的华北平原，海拔不超过50米。进入下游后的黄河，河道平坦，水流变缓，泥沙大量淤积，河床高出地面4米~5米。由于黄河在下游多次改道，地面冲积出了扇状的古河床和古自然堤，形成了缓岗与洼地相间分布的倾斜平原。

中国的地形

黄河从贵德至民和境内海拔在3 000～1 600米之间，从民和下川口进入甘肃，这一段的黄河流域气候温和湿润，因此有"高原小江南"的美誉。更难能可贵的是，黄河上游水流清澈见底，因而又有"天下黄河贵德清"的说法。宁夏的宁夏平原和内蒙古的河套平原，

▲龙门

地处黄河上游的河谷地带，水源丰沛，灌溉便利，农业发达，水草丰美，被人们称为"塞上江南"。

◆黄河美景

黄河沿途，风景壮丽，地形多变。就让我们跟着黄河奔腾的脚步，去领略祖国多彩的美景吧！

充满活力的上游河段是黄河水力资源的"富矿区"。其中，从龙羊峡至青铜峡河段，川峡相间，水流落差大，蕴藏着丰富的水力资源。巨大的落差也给黄河的上游带来了"黄河之水天上来"的无限豪迈之气。

宁蒙河段，温柔秀美。黄河在这里平静地流淌，灌溉着两岸的农田，造福当地的人民。历来就有"天下黄河富宁夏"，

▲壶口瀑布

"黄河百害，唯富一套"的说法。宁夏银川附近的土地平坦，面积广阔，利用黄河水进行自流引灌已有2 000多年的历史。这里物产丰富，名贵中药枸杞和银川大米品质优良，有"塞北江南"之美称。内蒙古河套平原十分干旱，

在其西部，年降水量不到200毫米。这里"无水是荒漠，有水成绿洲"。黄河水给这里的工农业生产创造了极好的条件。

陕晋峡谷中，黄河在这里劈开万仞山，势如破竹，形成了黄河上最长的一段连续峡谷河段。这一河段中有两个十分著名的地方：

第一就是壶口瀑布，黄河在这里以雷霆万钧之势，奔腾而来，咆哮而去，壶口瀑布既是黄河的象征，也是中华民族不惧艰险、勇于开拓、勇往直前精神的象征。"风在吼，马在叫，黄河在咆哮！"这雄壮的歌声唱出了黄河的风采，更唱出了中华民族的战无不胜、奋发图强的英雄气概。

第二是龙门峡谷，人们所说的"鲤鱼跳龙门"的故事就来源于此。此处水流湍急，相传鲤鱼如果能跳过龙门就可成龙。相传，龙门是大禹治水所凿开的一条峡口，因而又被称"禹门口"。

珠江

珠江是中国南方最大的河系，它与长江、黄河、淮河、海河、松花江、辽河并称为中国七大江河。

珠江古称粤江，是中国境内第三长河流，按年流量算，则为中国第二大河流。

珠江横贯中国南部的滇、黔、桂、粤、湘、赣6省（自治区）和越南的北部，全长2 214千米。珠江流域地处亚热带，北回归线横贯流域的中部，气候温和多雨，多年平均温度在14℃～22℃，多年平均降雨量1 200毫米～2 200毫米，降雨量分布明显呈由东向西逐步减少，降雨年内分配不均，地区分布差异和年际变化大。

珠江流域北靠五岭，南临南海，西部为云贵高原，中部丘陵、盆地相间，东南部为三角洲冲积平原，地势

> **知识链接**
>
> 珠江三角洲是中国粮食、蔗糖、桑蚕和淡水鱼重要产地之一。珠江多年平均河川经流总量为3 360亿立方米，其中西江2 380亿立方米，北江394亿立方米，东江238亿立方米，三角洲348亿立方米。珠江水资源丰富，全流域人均水资源量为4 700立方米，相当于全国人均的1.7倍。不过，珠江的水量年际变化大，时空分布不均匀，致使流域内洪、涝、旱、咸等自然灾害频繁。

西北高，东南低。流域总面积453 690平方千米，其中442 100平方千米在中国境内，11 590平方千米在越南境内。

珠江水系支流众多，水道纵横交错。主要分为西江、北江和东江。

西江是水系主流，发源于云南省沾益县马雄山。干流上、中游各段分别称南盘江、红水河、黔江和浔江，在梧州以下称西江。干流全长2 129千米，流域面积35.5万平方千米。主要支流有北盘江、柳江、郁江和桂江。总落差2 130米。北盘江上的黄果树大瀑布水头高达70米。

北江的正源是浈水，源于江西省信丰县。在韶关附近与武水相会称北江。韶关以上水流湍急，韶关以下河道顺直，沿途有滃江、连江汇入，在穿越盲仔峡、飞来峡后进入平原，河宽水浅，至思贤窖流入珠江三角洲。干流长582千米。

东江发源于江西省寻乌县大竹岭。上源称寻乌水，西南流入广东省。上游河窄水浅，两岸为山地，干流长523千米。

东、西、北三江各在入海处冲积成一个小型三角洲，连缀而成珠江三角洲，面积1.13万平方千米。目前，各小三角洲的前缘仍以每年约100米左右的

▲珠江夜景

速度向海中发展。三角洲上河网密布，大小河道百余条，互相沟通，交织成网，最后分别经由虎门、蕉门、洪奇沥、横门、磨刀门、鸡啼门、虎跳门和崖门八个口门流入南海。

珠江水资源丰富，仅次于长江，航运也很发达。广州黄埔港以下可通万吨海轮，千吨轮船溯西江可到梧州，小轮船可上达柳州、南宁。轮船、驳船可以通行的航道长达近5 000千米。珠江的航运价值仅次于长江而居全国第二位。

桂江上源为漓江，漓江通过秦朝时期开挖的灵渠，可以连通长江流域的湘江。

珠江是一条含沙量很小的河流，多年平均含沙量为0.249千克/立方米，年平均含沙量8 872万吨。据统计分析，珠江携带的泥沙中，每年约有20%淤积于珠江三角洲网河区，其余80%的泥沙则分由八大口门输出到南海之中。

珠江河川经流丰沛，水力资源丰富，全流域可开发的水电装机容量约为2 512万千瓦，年发电量可达1 168亿度。其中西江的红水河落差集中，流量大，开发条件优越，素称水力资源的"富矿"。

珠江流域矿产资源较为丰富，已探明矿种有58种，储量亿吨以上的有25种，主要有煤、锡、锰、钨、铝、磷等。另珠江口外南海蕴藏有丰富的石油和天然气，现正在勘探开发。

雅鲁藏布江

雅鲁藏布江发源于喜马拉雅山北麓仲巴县境内的杰马央宗冰川，是西藏第一大河。它像一条银色蛟龙，从海拔6 000米以上的喜马拉雅山中段北坡发源，由西向东奔流于西藏高原南部著名的"藏南谷地"。流到东经95°左右，它横穿喜马拉雅山，突然急转向南，形成有名的"雅鲁藏布江大拐弯"，最后在喜马拉雅东端珞渝地区的巴昔卡附近流出国境，并改称布

▲雅鲁藏布江

珍藏中国 **中国的地形**

▲ 雅鲁藏布江

拉马普特拉河，经印度、孟加拉国注入印度洋的孟加拉湾。

从发源地至入海口，雅鲁藏布江全长2 900千米，流域面积67万平方千米。其中，我国境内的雅鲁藏布江长约2 093千米，流域面积23.8万平方千米。雅鲁藏布江在我国各大河中，长度和流域面积均占第五位。长度小于长江、黄河、黑龙江及怒江，流域面积则次于长江、黄河、黑龙江及珠江。雅鲁藏布江所连贯的地区，除了印度半岛海拔在500米以下外，大都在海拔4 500米左右。雅鲁藏布江是世界上海拔最高的大河。

雅鲁藏布江水力资源相当丰富，全年河川径流总量达989亿立方米，全年平均流量达每秒3 000立方米，仅小于长江和珠江。由于水量大，落差集中，初步

知识链接

雅鲁藏布江的基本特点可以用十个字来概括：高、壮、深、润、幽、长、险、低、奇、秀。

高：雅鲁藏布江大峡谷两侧，壁立高耸的南迦巴瓦峰（海拔7 782米）和加拉白峰（海拔7 234米），其山峰皆为强烈上升断块，巍峨挺拔，直入云端。峰岭上冰川悬垂，云雾缭绕，气象万千。

壮：从空中或从西兴拉等山口鸟瞰大峡谷，在东喜马拉雅山无数雪峰和碧绿的群山之中，雅鲁藏布江硬是切出一条笔陡的峡谷，穿越高山屏障，围绕南迦巴瓦峰作奇特的大拐弯，向南注入印度洋，其壮丽奇特、无与伦比。

深：在南迦巴瓦峰与加拉白峰间的雅鲁藏布江大峡谷最深处达5 382米，围绕南迦巴瓦峰核心河段，平均深度5 000米左右，其深度远远超过深2133米的科罗拉多大峡谷、深3 200米的科尔卡大峡谷和深4 403米的喀利根德格大峡谷。

润：雅鲁藏布江大峡谷是青藏高原上最大的水汽通道，受印度洋暖湿气流的影响，大峡谷南段年降水量高达4 000毫米，北段也在1 500～2 000毫米之间，故整个大峡谷地区异常湿润，布满了郁密的森林，形成了世界上生物多样性最丰富的峡谷。

幽：雅鲁藏布江大峡谷林木茂盛。由于地势险峻、交通不便、人烟稀少，而且许多河段根本没有人烟，加上大峡谷云遮雾罩、神秘莫测，所以环境特别幽静。这也是上述三个大峡谷所无法比拟的。

长：雅鲁藏布江大峡谷以连续的峡谷绕过南迦巴瓦峰，长达496.3千米，比号称世界"最长"的大峡谷——科罗拉多大峡谷还长56千米。

险：雅鲁藏布江大峡谷中许多河段两岸岩石壁立，根本无法通行，所以至今还无人全程徒步穿越峡谷。相比其他三条大峡谷，谷地中都有路相通；科罗拉多大峡谷，游人可乘牲畜在谷地中穿行游览；科尔卡大峡谷，游人可徒步沿谷地旅游；喀利根德格大峡谷，谷地中村庄星罗棋布，沿谷地的小路是当地发展徒步旅游的主要路线。就水道而论，雅鲁藏布江大峡谷河段，河水平均流量达4 425立方米／秒，远远超过67立方米／秒的科罗拉多河和另外两条河流，其河流流速高达16米／秒，水流湍急，至今未有人能漂流进雅鲁藏布江大峡谷，其水流的险恶程度也远在诸峡谷之上。

低：雅鲁藏布江大峡谷最低处的巴昔卡，海拔仅有155米，远远低于上述三个峡谷的任何一个最低点。

奇：雅鲁藏布江大峡谷最为奇特的是它在东喜马拉雅山脉尾闾，由东西走向突然南折，沿东喜马拉雅山脉南斜面夺路而下，注入印度洋，形成估算，其水能蕴藏量达7 460万千瓦，仅次于长江，在我国居第二位。

雅鲁藏布江孕育出的远古文化源远流长，其流域的新石器时代文化以林芝、墨脱为代表。在林芝县和墨脱县曾采集到石器、陶片、斧、锛、凿等类遗物。

新石器时代晚期，西藏各地形成了许多部落。公元前3世纪左右，聂赤赞普作为雅砻部落的首领第一次以赞普（意为王）的身份出现在西藏历史上，建立了部落奴隶制的吐蕃王国。

雅鲁藏布江不仅是西藏文明诞生和发展的摇篮，也是汉藏文化交流的见证者。汉、藏交流史上，最值得纪念的是文成公主和亲、金城公主西嫁与唐蕃会盟碑三件大事。它们充分说明了汉、藏人民及其文化各具特点又相互影响融合的血肉关系。

藏族尊崇佛教普遍而又诚笃。崇佛信教，必有寺庙。雅鲁藏布江流域的寺庙林立，无论是在峡谷溪涧之旁，还是深山野岭之中，都可听到悠悠的古刹钟声。在众多的寺庙宫观中，布达拉宫与扎什伦布寺是最有代表性的。

雅鲁藏布江流域富饶美丽，它哺育着两岸肥沃的土地，它是藏族人民文化的摇篮。作为一条"天河"，雅鲁藏布江给西藏人民带来的不仅仅是过去，更是光辉灿烂的未来。

> **知识链接**
>
> 世界上最为奇特的马蹄形的大拐弯。它不仅在地貌景观上异常奇特，而且是世界上具有独特水汽通道作用的大峡谷，造就了青藏高原东南缘奇特的森林生态系统景观。
>
> 秀：整个大峡谷的自然景观可以用"雅鲁藏布江大峡谷秀甲天下"来概括。谓其秀甲天下，主要是指无论在秀的广度、深度和力度上都独领风骚。就广度而论，大峡谷是山秀、水秀、树秀、草秀、云秀、雾秀、兽秀、鸟秀、蝶秀、鱼秀、人秀、村秀……不仅如此，大峡谷的秀还有其深远和雄伟的内涵。例如大峡谷之水，从固态的万年冰雪到沸腾的温泉，从涓涓溪流、帘帘飞瀑直至滔滔江水，秀丽深入到水的各种形态、各种尺度规模。从力度来看，数百米的飞瀑，16米／秒的流速，4 425立方米／秒的流量，其力度甚为壮观。再如大峡谷之山，从遍布热带季风雨的低山一直到高入云天有皑皑白雪的高山无一不秀；茫茫的林海、耸入云端的雪峰给人秀丽的感受更如神来之笔。生于斯长于斯的众多生灵，更以其独特的形体和生命的活力迸发出秀丽的光彩。

额尔齐斯河

▲ 额尔齐斯河

　　额尔齐斯河是新疆第二大河。它源出我国阿尔泰山西南坡，自东南向西北奔流出国，再经俄罗斯的鄂毕河，注入北冰洋。额尔齐斯河是我国唯一流入北冰洋的河流。

　　这条大河全长2 969千米，在我国境内的长度为546千米，流域面积5.7万平方千米。它的河谷宽广，水势浩荡，水量在新疆仅次于伊犁河。河床中巨砾迭瓦，银波翻腾，河网异常发育。风景奇丽，气势不凡。

　　额尔齐斯河上游流经阿尔泰各山脉之间，降水较多，河网发育，径流充沛。流过乌斯季卡缅诺戈尔斯克后，河谷豁然开朗开阔，变成一条平原性河流。额尔齐斯河上游区段的主要支流有库尔丘姆河、布赫塔尔马河、乌里巴河、乌巴河、克孜勒苏河、恰尔河。塞米巴拉金斯克以下至鄂木斯克之间，没有大的支流汇入河中。额尔齐斯河奔流进入北亚，流经西西伯利亚平原，河道曲折蜿蜒。流经鄂木斯克后，河流急剧转向东北，后转向西北，最后又转向东北汇入鄂毕河。这一段流程内汇入的支流有鄂木河、伊希姆河、托博尔河、杰米扬卡河、孔达河等。

额尔齐斯河上游主要靠融雪、融冰和降水补给，下游主要来源于融雪、降水和土壤中水补给。上游的汛期始于4月，大汛多在4~6月；下游的汛期为5月末至10月，6月最大。

额尔齐斯河沿岸风光壮美。又因"金山"而有"银水"之美称。它的河谷宽广，水势浩荡，年径流量高达119亿立方米。河谷次生林宛若一条绿色飘带，镶嵌在荒漠戈壁上。其中，北屯河段的河谷内，树林生长最为茂密，绵延成一片绿色海洋，素有"杨树基因库"之称。下游布尔津河和哈巴河两河河床中心沙滩林立，碧水茫茫，河谷中沼泽密布，水草丛生，阡陌相连，绿树成荫，呈现一派"大漠水乡"的壮丽图景。

淮河

淮河是中国东部的主要河流之一。淮河流域西起桐柏山和伏牛山，南以大别山和江淮丘陵与长江流域分界，北以黄河南堤和沂蒙山与黄河流域分界。流域东西长约700千米，南北平均宽约400千米，面积27万平方千米，其中淮河水系为19万平方千米，泗、沂、沭河水系为8万平方千米。

淮河流域由淮河与泗、沂、沭河两大水系组成。淮河干流源于河南省桐柏山北麓，流经豫、皖至江苏扬州三江营入长江，全长1 000千米，总落差196米。豫皖两省交界的洪河口以上为上游，长360千米，流域面积3万平方千米；洪河口至洪泽湖出口处的三河闸为中游，长490千米，流域面积16万平方千米；洪泽湖以下为下游，面积3万平方千米，入江水道长150千米。淮河中上游流域有面积大于1 000平方千米的一级支流21条，其中大于2 000平方千米的有16条。

知识链接

淮河水利历史悠久，早在公元前600年以前，在支流淠河和东淝河之间洼地周围，圈堤蓄水，即著名的古代水利工程芍陂。经历代维修扩建，堤周长在一百里至三百里之间变化。公元前486年，挖通了邗沟，开通了淮河和长江之间的航运。公元前482年，又开通了鸿沟，由淮河支流泗水，经古济水到达黄河。公元605年，又修建了通济渠，从黄河引水在泗州入淮水。这些古运河对南北交通起了重要作用。

泗、沂、沭河水系发源于山东沂蒙山区。泗河源于新泰市南部太平顶西麓，流经南四湖，汇湖东西诸水后，经韩庄运河、中运河，又汇邳苍地区来水，经骆马湖由新沂河入海。沂河源于沂源县鲁山南麓，南流经临沂至江苏境内入骆马湖，流域面积1.16万平方千米。沭河源于沂山南麓，南流至临沭县大官庄分为新、老沭河，老沭河南流经江苏新沂县入新沂河，新沭河东流穿马陵山经江苏石梁河水库和沙河故道，至临洪口入海，流域面积为5 700平方千米。

▲淮河

此外，淮河流域还包括有洪泽湖、南四湖、骆马湖、高邮湖等多座较大的湖泊，其中洪泽湖的库容达130亿立方米，是淮河流域最大的淡水湖，也是中国第四大淡水湖。

淮河流域多年平均降雨量911毫米，总的趋势是南部大、北部小，山区大、平原小，沿海大、内陆小。淮河流域多年平均年径流深约231毫米，径流的年内分配也很不均匀，主要集中在汛期。淮河干流各控制站汛期实测来水量占全年的60%左右，泗、沂、沭河水系各支流汛期水量所占比重更大，约为全年的70%～80%。

滔滔淮河是一条具有悠久历史的古老大河。它蜿蜒东去，千年流淌，整个流域气候温暖，土地肥沃，物产丰富，是中国经济文化开发较早的地区，孕育、滋养着朴实、勤劳的淮河儿女。

在中国大江大河中位居第六的淮河，其源头不像长江和黄河那样扑朔迷离。早在战国时期，我国最早的历史地理典籍《禹贡》上就记载着"导淮自桐柏"。确切地说,它发源于河南省桐柏县境内的桐柏山主峰太白顶(又称大复峰)。巍峨挺拔、郁郁葱葱的桐柏山,位于桐柏县城西南。沿着陡峭山路攀上主峰太白顶,有一修建于唐代的古寺,名曰"云台禅寺"。古寺的北面,有一眼清澈明净的泉井,井内有泉眼三处,虽久旱而不竭。这里就是千里淮河的源头。泉水从井旁石壁中沁出,流不多远,又潜入地下,行约半里,再从枯藤缠绕、青苔覆盖的峭岩间流出地面。如此盘来绕去,潜入钻出,逐渐由细流而成小溪,又由无数小溪汇合成小河,直到桐柏县城以西15千米处的小镇固庙,才开始形成河床。

历史上黄河泛滥,侵占淮河河道后,淮河水患频繁。清代的潘季驯曾经主持治理淮河,在洪泽湖周边筑堤,蓄纳淮河来水,企图"蓄清刷黄"(用淮河水刷深黄河入海河段),维持漕运,但未达到预期效果。后来,杨一魁主持治水时,把淮河洪水分入运河,并由芒稻河入长江。这是把淮河水导入长江的开始。20世纪初,人们进行了各种导淮方案的研究,其中包括把淮河水全部导入长江和部分入江、部分入海以及全部入海的方案。

1949年后,淮河的治理开发进入了一个崭新的时期,国家成立了流域管理机构,进行了流域规划,并全面对河流进行了治理开发。如今,淮河水患已经基本得到了控制。淮河两岸的人民正在努力改善淮河水质,努力让这条大河重新变成清澈的祖国大动脉。

松花江

松花江位于中国东北地区的北部,流域东西长920千米,南北宽1 070千米,流域面积55.68万平方千米。松花江是黑龙江右岸最大的支流,也是东北地区最重要的河流之一。

松花江有南、北两源,南源为第二松花江,北源为嫩江。南源发源于长白山主峰白头山天池,海拔高程2 744米,由天池流出的水流经闼门外流,称二道白河,习惯上以此作为第二松花江的正源。嫩江发源于大兴安岭支脉伊勒呼里山中段南侧,源头称南瓮河,河源高程1 030米,自河源向东南流约172千米后,在第十二站林场附近与二根河会合,之后称嫩江。嫩江与第二松花江在吉林省扶余县的三岔河附近会合后称松花江,干流东流至同江附近中国

三 景致中国

东北哈尔滨的松花江由右岸注入黑龙江。

如果以嫩江为源，松花江河流总长2 309千米；如以第二松花江为源，河流总长则为1 897千米。从南源的河源至三岔河为松花江上游，河道长958千米，落差1 556米。从三岔河至佳木斯为松花江中游，河道长672千米。从佳木斯至河门为松花江下游，河道长267千米，中下游的落差共78.4米。

▲ 松花江雾凇

松花江流域范围内，山岭重叠，满布原始森林。蓄积在大兴安岭、小兴安岭、长白山等山脉上的木材，计有数十亿立方千米。这里是中国面积最大的森林区，矿产蕴藏量同样十分丰富。

松花江流域内的矿产主要为煤，此外还有金、铜、铁等。这里土地肥沃，盛产大豆、玉米、高粱、小麦。此外，亚麻、棉花、菸草、苹果和甜菜也品质优良。松花江还是中国东北地区的一个大淡水鱼场，每年供应的鲤、鲫、鳇、哲罗鱼等达4000万千克以上。松花江是东北地区一条真正的大动脉。

冬季的松花江，气候严寒，有时会降至-30℃，结冰期长达五个月。但是在丰满水电厂这一段从不结冰，据说是因为通过发电厂流入江里的水温甚高所致。这一段夹带暖流的江面，不断冒起团团蒸汽，凝结在岸边的柳丝、松叶上，形成一簇簇、一串串晶莹似玉的冰花，十里长堤顿时成了玲珑剔

> **知识链接** ✓
>
> 东晋至南北朝时，松花江上游名为速末水，下游称难水。隋唐时期，上游称粟末水，下游称那河。辽代，全河上下游均称混同江、鸭子河。金代，上游称宋瓦江，下游称混同江。元代，上、下游统称为宋瓦江，自明朝宣德年间始，这条大河才被定名为松花江。

中国的地形

透、玉树银枝的世界。这就是闻名全国的"树挂"奇景。

在松花江丰满水库这一段的上游，有一座500平方千米的宽广的人工湖——松花湖。冬季，人们可以在这里滑冰娱乐。夏季，人们在这里可以乘船游览和垂钓。就算钓到体长1米左右的淡水鱼也不足为奇。

松花江水力资源丰富，尤其是上、中游水量大、落差大，可以阶梯式开发，总蕴藏量约为600多万千瓦。新中国成立前，这里就修建了小丰满水电站。现在，人们又兴修了白山水电站和红石水电站。

> **知识链接**
>
> 冰灯是松花江流域一种特有的民间艺术，每当千里冰封的季节，家家户户的屋檐下，便会悬挂起一盏盏别出心裁的自制冰灯。所谓冰灯，是真正用冰制成像玻璃一样的灯罩，可以点上烛火。根据东北文献记载，早在清代已有冰灯制作，历史相当悠久。初期的冰灯，不过是当地贫穷人家过年过节时张挂的一种简陋装饰，其后才逐渐发展成为造型复杂、多姿多彩的冰制艺术品。

▲ 松花江雾凇

松花江及其支流，为松嫩平原提供了灌溉之利，也为沿岸工矿企业和城市提供了充足的水源。

◆ 美丽的传说

人人都知道，松树只结松塔，只长松子，不开花。那么，松花江的名字又是怎么来的？

听放山伐木的老年人说，早些时候，松树也开花。后来，松树的花让人给借走了。这究竟是怎么一回事呢？

很久以前，黑龙江地区树木茂盛，人烟稀少。那时的兴安岭和长白山都是连着的，纵横交错的江河湖泊直通大海，到处是波浪滔天的景象。在这一片汪洋大水当中，有个生满莲花的大湖，叫莲花湖。不论冬夏，湖面上总是铺满荷花叶子，粉莲白莲马蹄莲，姹紫嫣红，一年四季常开不谢。荷叶底下，成群成群的鱼和蛤蜊自由游动，每个蛤蜊壳里，全含着一颗溜光锃亮的夜明珠。星光灿烂的夜晚，天上地下，瑞气千条，霞光万道，整个大湖，简直跟"聚宝盆"一样。

▲五大连池

可是，这块风水宝地里不知何时，闯进了一条白翅白鳞的恶龙。它的外号叫"小白龙"。起初，它在湖底藏着，不声不响。后来，这条孽龙越来越放肆，动不动就翻江倒海，把碧碧澄澄的一湖清水搅个底朝天。最后，湖里的荷花谢了，鱼没了，蛤蜊也闭了嘴，夜明珠也不再闪光发亮了，一湖清水变成臭烘烘的死水了。

小白龙为非作歹的事，惹怒了东海的老龙王，就派黑翅黑鳞的大黑龙去降服小白龙。第一次，大黑龙轻视了小白龙。它一路呼风唤雨，来势汹汹。半路上，还故意抖动拿来捆小白龙的锁链儿。这一抖顿时电闪雷鸣，小白

中国的地形

龙知道来了敌人，就赶紧吃饱喝足，躲在暗处。大黑龙胆壮心粗，在莲花湖上，闹腾了半天就是不见小白龙的踪迹。等大黑龙身困体乏，那小白龙猛地蹿上来，轻松地把大黑龙打退到三江口。第二次，大黑龙就顺江底来了，可无论它游到哪里都把水染得漆黑，还是被小白龙得知了消息，结果大黑龙又是大败而归。

大黑龙痛定思痛，明白了自己失败的原因。它知道，自己必须隐藏行踪才能胜利。第二年夏天，地面上布满了松树花，洁白一片。有的花落在水面上，把江河湖泊都盖住了。看着这样美丽的景色，大黑龙突然有了主意。

> **知识链接**
>
> 松花江奇石与吉林陨石、吉林雾凇、松花湖浪木堪称"江城四绝"。
>
> 松花江奇石产于松花江，它与驰名全国的太湖石、灵璧石、五彩石等名石一样具有"自然美、色彩美、形态美、神韵美"的特征。古人云："园无石不秀，斋无石不雅。"松花江奇石不仅是旅游购物的天趣艺术品，而且具有较高的收藏与观赏价值。
>
> 松花江奇石主要包括：采石、画石、纹石、象形石四种，特点是形奇、色丽、纹清、质佳。目前吉林市的石文化已经初具规模，具不完全统计已经有几千块之多。
>
> 在这些珍贵的奇石之中，有的闪闪发光，有的在敲打时发出悦耳的钟声。奇石的纹理变化无穷，线条飞旋醒目，似雕非雕，似刻非刻，结构深蕴，姿态万千，集大自然情趣于一身。松花江奇石还有清秀、素雅、粗犷、清涵、稳重之气，是神韵美的完美体现，是中华奇石中的珍品。

大黑龙决定去借松树花。它来到长白山和兴安岭，使出浑身解数，把松树花打落在地，龙卷风一扫，松树花洒满大江，水立刻变白了。大黑龙养精蓄锐，偷偷来到莲花湖，大战了三天三夜，终于降服了小白龙。可惜，大黑龙没有把小白龙锁牢。小白龙从东海口拐弯朝南，逃到了如今的兴凯湖。大黑龙则把所有的江河变成三条大江，也就是今天的黑龙江、乌苏里江和松花江。那座莲花湖，水越来越少，最后成了半月形的五大连池。兴安岭和长白山也分开了，南边一座，北边一座。

从那以后，松树就不开花了。为了纪念大黑龙的功劳和松树花的贡献，就把那条江叫做松花江了。

黑龙江

▲黑龙江及河畔的湿地

　　黑龙江是一条被誉为"神秘风景线"的国际河流。它流经俄罗斯、蒙古和中国，拥有大小支流约950余条（包括时令河）。其中最长的支流是约1657千米的松花江。

　　黑龙江的上游有两源：北源石勒喀河（上源鄂嫩河）出自蒙古国北部肯特山东麓；南源额尔古纳河，上源又分3支，其中一支海拉尔河发源于中国内蒙古自治区大兴安岭西侧古利牙山麓。南、北两源在漠河以西洛古河村汇合后始称黑龙江。黑龙江蜿蜒东流，沿途接纳结雅河、布列亚河、松花江、乌苏里江等大支流，最后在俄罗斯境内注入鄂霍次克海（鞑靼海峡）。全长4 370千米（从上源至河口），流域面积184.3万平方千米。

　　黑龙江分为上、中、下三段：洛古河村至黑河市为上游，长900千米；黑河市至乌苏里江口为中游，长950千米；乌苏里江口以下为下游，长970千米。

黑龙江在中国境内河长3 474千米，流域面积约88.7万平方千米，占流域的48.1%。从黑龙江南北源汇合点起，到俄罗斯哈巴罗夫斯克（伯力）的黑龙江与乌苏里江汇合点止。黑龙江是中、俄两国的界江。

黑龙江流域水量丰富。流域年径流量3465亿立方米。降水季节分配不均，每年4～10月暖季降水量占全年的90%～93%，其中6～8月就占60%～70%。11月份进入冬半年枯水期，冬半年降水均以雪的形式降落。地表积雪厚度一般在20厘米～50厘米，待春季气温回升，积雪才能融化补给河流，河水上涨形成春汛。

> **知识链接**
> 由于黑龙江两岸土壤多为具有大量腐殖质的黑土，流经黑龙江的水流冲刷岸边的土壤，使黑土沉入江中，沉积在江底。在水体清澈的地方看黑龙江，就会发现这里的水是黑色的。这也是黑龙江得名的直接原因。

黑龙江上也有众多岛屿分布，包括著名的珍宝岛、大黑河岛、黑瞎子岛等岛屿。其中的大黑河岛已发展成为贸易中转站。

黑龙江流域内森林资源分布不一，中国一侧，自"5·6"大兴安岭火灾后大兴安岭和小兴安岭地区森林多受损害，从漠河县至黑河市很少见到树龄20年以上的树木。俄罗斯方面的林业资源极为丰富。在冬季，黑龙江封冻时，中国经常进口俄罗斯的木材进行加工、生产。黑龙江沿河流域内也出产黄金。从漠河县至瑷珲古城的古道，曾被称为"黄金之路"。

黑龙江流域的生物资源也相当丰富。最有名的动物是住在河谷的黑龙江豹，仅剩大约50只。

落叶松是黑龙江流域的主要树种。此外，在较干燥的地方有一些松树、云杉和枞树分布。在南面的大、小兴安岭，可见阔叶林与阔叶针叶混交林，林中以蒙古栎树、松和落叶松为主。

黑龙江流域内鱼类资源丰富。下游约有100种鱼，上游约有60种，其中约30种具有商业价值。黑龙江内的大马哈鱼举世闻名。

大江东去

蜀道

古蜀道历史悠久，至今已有3 000多年历史，是人类保存至今的、最早的大型交通遗存之一。蜀道比古罗马大道的历史更为悠久。

无论古代与现代，蜀道在我国历代经济和文化的发展中均占有举足轻重的地位。在海上交通不发达的周、秦、汉、南北朝的漫长历史时期里，蜀道是历代王朝的政治中心——京都通往西南乃至通往西南邻国的唯一通道。蜀道与连接东西的丝绸古道具有同样重要的意义。

蜀道作为我国历史上沟通西北与西南地区的交通主网络，不仅以奇险栈道著称于世，也以其悠久丰富的历史文化遗存，奇特珍贵的自然景观及珍稀野生动植物资源为海内外游客所向往。此外，千里蜀道还是我国当代西部开发中重要的工业科技走廊。蜀道沿途的古蜀、民俗文化也独具特色。

◆科考价值

三星堆遗址位于广汉西北7千米处，是新石器时代至商周的古蜀文化遗址，总面积达17平方千米。遗址中出土了大量的石器、陶器、玉器、金器，出土的青铜器格外精美。三星堆遗址展示了古代蜀国高度发达的青铜文化，证明这里是早期蜀国的政治、经济、文化中心。它有"世界第九大奇迹"之称，被誉为20世纪中国和世界最重要的发现之一。

三星堆出土的文物世界闻名，其青铜面具与世界奇迹的古埃及金字塔并列登上了埃及的邮票，埃及国家邮政局专门发行了一套四枚三星堆邮票。近年来，三星堆遗址与金沙

▲三星堆青铜面具

遗址出土的青铜器所代表的青铜文化，已被有关专家认为是独一无二的一种中国文化，将其提到了与长江文化、先秦文化等同样高度予以研究。

建于1 300多年前的阆中古城有堪称全国一流的古民居保护区，保存着15平方千米古街古院的古代城市风貌。永安寺、大像山、张飞庙、巴巴寺、清代考棚等数十处人文景观灿若星群。杜甫、陆游、司马光、苏轼父子等古今名流都先后来此观光或旅游，留下大量墨宝和诗篇。阆中是一座融自然风光、名胜古迹、宗教文化和神话传说于一体的古城。

蜀道沿途的武侯祠、杜甫草堂、皇泽寺摩崖造像、自贡大山铺恐龙化石遗址、泸定桥、德格印经院、江安夕佳山民居、悬棺葬、邓小平故居、茂县羌寨古碉、藏羌彝风俗风情以及有中国的"庞贝古城"之称的茂县叠溪地震

> **知识链接**
>
> "中国民间艺术（石刻艺术）之乡"安岳县，其安岳石刻以"古、多、精、美"的特点而闻名海内外，全县有造像10万余尊。其中，有1 300多年历史的卧佛院中的全身卧佛造像，是全国现存盛唐时期最完美的摩崖卧佛造像。毗卢洞紫竹观音是北宋石刻艺术精品，享有"东方维纳斯"的美誉。安岳石刻不但规模宏大而且内容多元化，被誉为"中国古代雕刻的又一伟大宝库"。

▲翠云廊

遗址等，都是国家级的旅游文化资源，具有极高文化品位和科学价值。

◆蜀道奇观

在巴蜀北部剑阁的西、北、南三线，沿山环绕约100余千米的古驿道上，历史遗存有近万株古柏，组成了一条雄伟壮丽的绿化长廊，名"翠云廊"。这些历经千年沧桑的古柏，至今仍然枝叶繁茂，生机盎然。据当地人介绍说：它始于秦汉，成于明朝，全是人工造植的古老行道树群体，被誉为"蜀道灵魂"、"国之珍宝"，为世界上罕见的奇观。

> **知识链接**
>
> 蜀道是一个内涵极其丰富的大概念。这一概念包括四面八方通往古代蜀地的道路。其中有自三峡溯江而上的水道，由云南入蜀的樊道，有自甘肃入蜀的阴平道和自汉中入蜀的金牛道、米仓道、荔枝道等等，也包括蜀地范围内的道路，这是广义上的蜀道。而通常学术研究中提到的"蜀道"，则是指狭义的概念，即由关中通往汉中的褒斜道、子午道、故道、傥骆道（堂光道），以及由汉中通往四川的金牛道、米仓道等。

翠云廊，古称剑州路柏，俗称"皇柏"，亦称"张飞柏"。它以剑阁古城为中心，东北至广元昭化，东南至阆中，西南至梓潼，整个山川旷野，郁郁葱葱，像一条莽莽苍龙，静静地躺卧在浩瀚的绿海之中，沿着山峦的起伏，跨越沟壑深涧，蜿蜒蟠绕，逶迤于崇山峻岭之间，缓缓向云际延伸。清康熙年间，剑州知州乔钵有诗云："剑云路，崎岖凹凸石头路。两行古柏植何人，三百行程十万树。翠云廊，苍烟护，苔花荫雨湿衣，回柯垂叶凉风度，无石不可眠，处处堪留句……"

这里主人说，此处在清代时还号称"三百行程十万树"，到今天保存下来的柏树只有8 000多株。4米多宽用青石板铺筑而成的古驿上，两旁整齐地排列着要四五个人才能合抱的古柏，漫步其中犹如进入一条浓绿欲滴的翡翠画廊，或像到了望不到尽头的绿色隧道，遮天蔽日的枝叶，将你包围在清幽、静谧、壮丽、奇异的环境里。那一株株粗壮的古柏躯干，列队傲然挺拔，有的主干凹凸、怪包鳞岣；有的盘根错节，如龙似爪；有的情态多姿，翩跹起舞；有的枝干交错，扭为畸形……真是风姿各异，千姿百态。

人们依其长势、外貌或根据历史传说，给这些古柏取了很多有趣的名

珍藏中国 中国的地形

▲ 蜀道

字,并刻成石碑立于树旁。仅在翠云廊大柏树湾的古道上所见,就有"帅大树"、"寿星树"、"状元柏"、"力士柏",还有"阿斗柏"、"望乡柏",以及"结义树"、"姐妹树"、"迎客树"等。树的胸径最大的要8人才能合抱,众多树径2米左右,高达20余米,是"蜀道奇观"中的奇观。

在翠云廊北段,有一棵国之珍宝"剑阁柏"。这棵古柏高29米,主干笔直,耸入云天。它的枝叶如松似柏,果实椭圆,比柏树果小,比松树果大。经国家林业部门鉴定,在世界上现有的140多种柏树中,这个古柏是濒临灭绝的古老树种,世界仅存这一棵,遂命名为"剑阁柏",引起了国内外植物学家的关注。一些国外植物学家多次联系,愿以重金购买该树种籽。1963年,朱德元帅来此观赏时,高兴地叫它"松柏常青树"。

据史料记载,翠云廊古柏栽种时间上起秦汉,下至明朝正德,历代都曾种植。相传秦始皇统一中国后,在蜀大量伐木营造阿房宫,使"蜀山兀、阿房出"。当地百姓对此大为不满。于是，秦始皇为平息民怨，下令在驿道两旁植树。此树便被称为"皇柏"。三国时期，刘备、关羽、张飞各驻守一方。当时军政羽书往来不断，为了交通运输方便，就铺石造路。张飞率全军将士和百姓又一起大规模沿线植树，使将士们从川西出发到剑州、阆中、成都，一路夏不受暑热，冬不受风寒。此后，老百姓把张飞倡导所植的柏树称之为"张飞柏"。在这两起大规模植树后，晋、唐和明朝正德年间，又多次补植。因而，如今人行长廊中，可以雨不用伞，行不沾泥，夏不晒头，寒不透衣。真可谓"老柏参天合，人行翠幄中"。翠云廊是中国古老文明的象征，广元市政府、剑阁县政府十分重视翠云廊古柏的保护，对每株古柏编号挂牌，喷药除虫，培土护根，让翠云廊永葆青春。

茶马古道

大家知道吗？在神奇的西南，有一条神奇的道路。这条路有一个美丽的名字——"茶马古道"。

茶马古道是怎么得名的呢？

这条道路的名字来自古代西南边疆的"茶马互市"。那么，什么又是"茶马互市"呢？

西藏位于高寒地区，海拔都在三四千米以上，因此糌粑、奶类、酥油、牛羊肉等当地出产的食物就成了藏民的主食。在高寒地区，需要摄入含热量高的脂肪，但是，没有蔬菜，糌粑又燥热，过多的脂肪在人体内不易分解，会对人的身体产生非常不好的影响。

茶叶既能够分解脂肪，又防止燥热。因此，藏民在长期的生活中，创造了喝酥油茶的高原生活习惯。然而，藏区不产茶，只产优良的马匹。在内地，民间役使和军队征战都需要大量的骡马，骡马经常供不应求。于是，具有互补性的茶和马的交易即"茶马互市"便应运而生。

藏区和川、滇边地出产的骡马、毛皮、药材等和川滇及内地出产的茶叶、布匹、盐和日用器皿

> **知识链接**
>
> 茶马古道是指存在于中国西南地区，以马帮为主要交通工具的民间国际商贸通道。这条通道是中国西南民族经济文化交流的走廊。

中国的地形

等等，在横断山区的高山深谷间南来北往，流动不息，并随着社会经济的发展而日趋繁荣。由于茶叶和马匹是这条道路上的主要商品，这条道路慢慢地得到了"茶马古道"的美名。

茶马古道分川藏、滇藏两路，连接川滇藏，延伸至不丹、锡金、尼泊尔、印度境内，直到西亚、西非红海海岸。

滇藏茶马古道大约形成于公元6世纪后期，它南起云南茶叶主产区思茅、普洱，中间经过今天的大理白族自治州和丽江地区、香格里拉进入西藏，直达拉萨。有的还从西藏转口印度、尼泊尔，是古代中国与南亚地区一条重要的贸易通道。普洱是茶马古道上独具优势的货物产地和中转集散地，具有悠久的茶历史。丽江古城的拉市海附近是保存较完好的茶马古道遗址。

川藏茶马古道则以今四川雅安一带产茶区为起点，首先进入康定，自康定起，川藏道又分成南、北两条支线：北线是从康定向北，经道孚、炉霍、甘孜、德格、江达抵达昌都（即今川藏公路的北线），再由昌都通往西藏地区；南线则是从康定向南，经雅江、理塘、巴塘、芒康、左贡至昌都（即今

▲ 茶马古道

川藏公路的南线），再由昌都通向西藏地区。

需要指出的是，以上所言只是茶马古道的主要干线，也是长期以来人们对茶马古道的一种约定成俗的理解与认识。事实上，除以上主干线外，茶马古道还包括了若干支线，如由雅安通向松潘乃至连通甘南的支线；由川藏道北部支线经原邓柯县（今四川德格县境）通向青海玉树、西宁乃至旁通洮州（临潭）的支线；由昌都向北经类乌齐、丁青通往藏北地区的支线等等。

因此，历史上的茶马古道并不只一条，而是一个庞大的交通网络。它是以川藏道、滇藏道与青藏道（甘青道）三条大道为主线，辅以众多的支线、附线构成的道路系统。地跨川、滇、青、藏，向外延伸至南亚、西亚、中亚和东南亚，远达欧洲。三条大道中，以川藏道开通最早、运输量最大、历史作用较大。

随着现代交通的兴起，这条自唐宋以来延续达一千多年并在汉、藏之间发挥过重要联系作用的茶马古道，虽已丧失了昔日的地位与功能，但它作为中华民族形成过程的一个历史见证，作为今天中华多民族大家庭的一份珍贵的历史文化遗产却依然熠熠生辉，并随着时间的流逝而日益凸显其意义和价值。

京西古道

京西之山，统称西山。群山之中，遍藏乌金。元、明以来，京城百万人家，皆以石炭为薪。加之这里出产石材，琉璃的烧制更是闻名京城，于是，拉煤运货的驼马成群结队，日复一日、年复一年地在山路石道上来来回回，久而久之便形成了京城到西部山区，再远至内蒙古、山西的商旅道路。

京西古道以"西山大路"为主干线，连接着纵横南北各条支线道路，其中的中道、南道、北道为其主要组成部分。远古的烽烟、民族的交往、宗教的活动、筑城戍边以及古道、西风、瘦马等数不清的神奇故事，散落或留存在古道两侧，它是那个时代经济、文化的具体象征，从中我们可以深刻感受到时代的变迁和历史的足音。京西古道距今有数千年的历史，它所蕴涵的厚重文化和灿烂的永定河流域文化叠聚成辉。

中国的地形

京畿西山，十万年前就有人类活动。门头沟区北接上谷，南通涿易，西望代地，东瞰燕蓟，具有重要的战略和交通地位。从黄帝建都于阿，"披山通道"于西山开始，西山大路诸道，屡经修整，成为颇具规模的大道。其中的绝大多数工程是民间组织募化筹资，由当地百姓进行施工的。亘远的古道在门头沟区依然蜿蜒盘旋，日久年深，构成了无与伦比的与大自然和谐的人文奇观。从商旅通行到贸易往来，从古都兴建到民族文化交流，这一切，如果有什么能够跨越时间与空间而连接在一起的话，只有这些掩映于山中的 古道。

京西古道作为一种文化，愈显珍奇，京西古道是京西古代文明的重要标志和历史见证。

阜成门是北京内城的西门，过去俗称煤门，运煤的车马均从此门进城。过去城门洞上还镶嵌着一块刻有梅花的汉白玉石，利用谐音作为标记。明清以后，京城用煤量越来越大，仅靠阜成门进煤，已难供所需，所以在康熙年间，作为"水门"的西直门也开始大量

▲京西古道，峰口庵关城段

进煤了。

出了阜成门一直向西，就到了模式口。模式口以前叫磨石口，因为出产上好的磨刀石而得名。1922年，磨石口村成为老北平市郊第一个通电的村庄，于是第二年改村名为模式口。模式口一带还是饲养骆驼最多的地方。老舍笔下的祥子正是因为被当兵的抓差到了磨石口，然后偷了三匹骆驼逃命才得了骆驼祥子的绰号。

出模式口，沿古道西行，从三家店跨永定河而至琉璃渠。

三家店成村于辽代以前，因始有三家客店而得名。这里是出西山后最初的平原地带，因此它成了一个煤运集散地。所以明清时期三家店是京西古道上最为热闹繁盛的村落之一，街市上五行八作，大小买卖、商铺二百多家，其中仅煤厂就有二三十家。

自西北蜿蜒而来的永定河水在三家店的村西口流淌千年，当年这里是京西古道上最大的一个古渡口。早在明朝的万历年间，因为运煤的需要，河上架起了木板桥，直到1921年，北洋政府拨款30万大洋，横跨永定河修筑了这座由法国人设计的、北京地区最早的洋灰桥。

跨过永定河便到了西山脚下的琉璃之乡。琉璃渠村明清时称琉璃局。明朝初年，扩建京城、筑造宫殿所用的大量琉璃砖瓦，有一半产自琉璃局。清朝乾隆年间，北京城内的琉璃厂撤销合并到了琉璃局，这让琉璃砖窑的炉火一直旺盛到了今天。

古道穿琉璃渠而出之后一路西去，它翻山越岭串起一个又一个古老的村落，直到京西古道上的重要关口王平口。这段从模式口到王平口16千米的古道被称作西山大路的北道。站在王平口关城之上，远眺峰峦深处，隐没于荆棘丛林中的千古驿道密如织网般地尽现眼前。

一路从模式口向西，经麻峪跨永定河过峰口庵到王平口的古道，这是西山大路的中道。相传五代时期，有一个叫刘仁恭的在这里占山为王当了土皇上，他自行设置了玉河县并劈山开道修了这条路，所以后人也将西山大路中道称为玉河古道。

在这条古道的中段，有一个叫圈门的地方，以圈门为起头儿向西到峰口庵是一条长13华里的沟谷，于是当地人就称这里为门头沟，今天北京门头沟区的名字便是由此而来。

在圈门过街楼的北侧,有一座古老的窑神庙。相传腊月十八是窑神爷的生日,所以过去每到腊月十七这天,都要由各煤窑的窑主摊钱,在这里举行盛大的祭祀活动。清代管理京西煤业事宜的机构就设在此庙。1949年

▲门头沟京西古道的"蹄窝"

以后,这里还一度成为北京市京西矿区政府驻地。

古道穿圈门而过,然后顺着门头沟的沟谷前行,就到了京西第一要隘峰口庵。登上峰口庵关城眺望群峰,只见青山揽翠,沟壑藏金。在距离关城西南不足200米的山冈处,凹陷着大大小小深浅不一的蹄窝100多个,这段13米长的小路是京西古道上蹄窝最为密集的地方。在古代,京西产煤的窑地因排水、提升等条件的限制,煤窑大多分布在峰口庵以西的山区,这就使得京西这条中路古道在夏秋之季几乎是全天候运行,作为必经之地的峰口庵更是车马云集,畜蹄日月不息地蹬踩踢踏,历经七八百年形成如此奇观。

历史上,今天石景山区的庞村也有一条进入西山的大路,这就是西山大路南道,这条南道中途与中道会合后直奔王平口。这样,北、中、南三

条古道在王平口聚合为一，然后继续延伸西去。

京西古道曾经是一条有6米多宽的官山大道，全部是用石块儿铺砌而成。因为山路陡峭，每隔一米就会栽立石一排，以防石块儿松动下滑，这也是古道经久坚固的诀窍所在。

古道经北、中、南三路而进入西山腹地。王平口会集了各条古道，可谓咽喉，因此号称"过山总路"。

在王平口的东边，有一个小小的安家滩村。这里不仅出煤，还是京郊驰名的砂锅产地。今天，在这个已经荒弃了的村子里，还可以看到很多房子的屋顶都是用烧制砂锅剩下的焦砟铺成的。元末明初的北京有"砂锅做饭斗量柴"的说法，据说因为这个传闻，当年的朱元璋便以为元大都太穷，于是他把这座前朝的都城封给了四皇子朱棣。其实朱元璋有所不知，砂锅是用沙子黏土烧制的锅，煮饭很香；"斗量柴"的柴则指的是煤。

出了王平口，曲折四十多里山路，就到了斋堂。早在唐朝贞观年间，这里的山上建有寺庙，寺庙的僧人在庙里施粥以行善，故名斋堂。

从斋堂开始，古道由西行折向西北，途经川底下村。川底下是北京郊区最好的保有清朝村容风貌的村落，今天这里几乎家家开客店、户户飘酒旗，一如旧时的古道驿站，令人仿若回归以前。

古道从川底下北侧上山，过天津关，出罢山口进河北的怀来盆地，然后径自远去。向西北可经宣化、张家口去内蒙古；向西可过蔚县进山西。由此，京西古道东连帝京，西通塞外，成为过去京西的重要出塞道路。

如今，现代化公路带走了京西古道曾经的车来人往。因为地处门头沟煤炭采空区，为了安全，20世纪70年代后期开始，山里的一些村子便已全部搬迁。那些从前因古道的兴盛而凝聚成的大小村落，很多也随着古道的荒废而成为断壁残垣。古道失去了路的功用，周围的一切也就被人们断然遗弃。

时光回转几百年，那时的北京城，天刚放亮之时，远山近水，都在一片静谧之中。而城门一开，商旅出行，驼铃声声十里相闻，骡马嘶鸣缕缕飘传。店家迎来送往，商队络绎穿梭。山回人声，水返驼影。这样一幅京西古道图卷只能永远地封存在了历史的记忆当中。

唐蕃古道

神秘的西藏自古以来就让人们产生无限的遐想，居住在西藏的人们也一直希望能够和内地的人们获得联系。于是，一条条艰险的进藏道路就被开发了出来，并成为人类交通史上的奇迹。

前面我们已经介绍过了茶马古道，这里我们再来介绍另外一条进藏的道路——唐蕃古道。

唐蕃古道的大致走向为：从陕西西安市出发，过咸阳，沿丝绸之路东段西行，越陇山，经甘肃天水、陇西、临洮至临夏，在炳灵寺或大河家渡黄河，进入青海民和官亭，经古鄯、乐都、西宁、湟源，登日月山，涉倒淌河，到恰卜恰（公主佛堂），然后经切吉草原、大河坝、温泉、花石峡、黄河沿，绕扎陵湖、鄂陵湖，翻巴颜喀拉山，过玉树清水河，西渡通天河，到结古巴塘，溯子曲河上至杂多，沿入藏大道，过当曲，越唐古拉山口，至西藏聂荣、那曲，最后到达拉萨。

▲文成公主

千百年来，唐蕃古道作为祖国内地通往西南边陲的大道，像是一条情谊缠绵的纽带，联结着藏汉人民友好团结的感情。

这段历史可以追溯到汉朝时。早在那时，中原通往青海、西藏的大道就已基本形成。到公元7世纪中期，吐蕃首领松赞干布十分敬慕唐王朝的强大兴盛与中原汉族的灿烂文化，为了加强吐蕃与唐王朝的关系，公元634年，松赞干布派使臣前往大唐国都长安，拜见当时大唐皇帝唐太宗（李世民），并请求联姻和好。公元641年，唐太宗派专人护送文成公主远嫁吐蕃。文成公主沿唐蕃古道进藏途中，不仅播下了汉藏友好的种子，也揭开了唐蕃古道历史上非常重要而又影响深远的第一页。

之后，公元709年，唐中宗景龙三年，应吐蕃之请，唐王朝又将金城公主嫁往吐蕃，从而成为唐蕃古道上的又一桩盛事。此后，唐朝与吐蕃间使臣不断，贸易往来十分频繁。唐蕃古道迅速兴盛起来，并很快成为一条站驿相连、使臣仆仆、商贾云集的交通大道。至今在古道经过的许多地方，仍然矗立着人们曾经修建的驿站、城池、村舍和古寺，遗留着人们世代创造的灿烂的文化遗存，传颂着数不清的反映藏汉人民友好往来的动人佳话。

唐蕃古道西段山高路险，气候严酷，至今仍然是人烟稀少的牧业地带。在现代条件下，以车马代步，走起来也还是比较艰辛的事情。人们不难想见，当时文成公主进藏、使节商旅往来长途跋涉的困苦情景。时至今日，唐蕃古道已经不仅仅是一条重要的通道，更是一处记载内地和藏区密切联系、自古一家的历史活画卷。

▼巴颜喀拉山主峰

珍藏中国 中国的地形

河西走廊

河西走廊是中西文化交流史上的一条黄金通道，它也是甘肃地区著名的粮仓，是大自然赐予人类栖息繁衍的风水宝地。历史上著名的丝绸之路，正是穿过这里进入新疆，从而连接起了东方和西方，连接起了人类最重要的各处文明。

▲甘肃嘉峪关

河西走廊又称甘肃走廊，南侧为海拔四五千米的祁连山脉。由一系列北西走向的高山和谷地组成，整个山系约1 000千米，西宽东窄，由柴达木盆地至酒泉之间为最宽，约300千米。祁连山山峰海拔多在4 000米以上，最高峰疏勒南山团结峰海拔为6 305米。

北侧则为龙首山－合黎山－马鬃山（北山），绝大多数山峰海拔在2 000米～2 500米之间，个别高峰达到了3 600米。这里山地地形起伏，逐渐趋于平缓，可以算准平原。

西汉初期，河西走廊是匈奴人游牧的地方。公元前121年，西汉大将军霍去病两次鏖战河西走廊，将匈奴驱赶出去，河西走廊的咽喉之道从此畅通无阻。汉朝和西域各国也开始了真正的交往。

河西走廊不仅记载了内地和新疆地区的不断交往和密切联系，还为中国接受西域文明给予了地理上的便利。直到今天，河西走廊还是祖国进入中亚的必经之路，河西走廊的繁荣发展正是中国繁荣发展的一个缩影。

> **知识链接**
>
> 祁连山北侧和南侧分别以大起大落的明显断裂由高山一下降至平原，北坡与河西走廊的相对高度在2 000米以上，而南坡与柴达木盆地间仅1 000多米。在祁连山4 500米以上的高山上，有着丰厚的永久积雪和史前冰川覆盖，这些积雪和冰川在每年特定的季节融化，为这一地区大量的绿洲和耕地提供了源源不断的源头活水。

大自然的纪念碑

地球诞生至今，已有46亿年。46亿年的漫长岁月，才造就了这样一个鸟语花香的世界——人类赖以生存的家园。可是，人类却为了经济的发展而乱砍滥伐森林，乱捕滥杀野生动物，盲目开采地下矿产，肆意排放工业"三废"……于是，绿洲消失了，水土流失了，土地沙化了，蓝天不蓝了，绿水不绿了，气候恶劣了，生态严重失衡了……大自然在痛苦呻吟，等待着人类还它一抹绿色。

自然保护区是大自然的纪念碑，它展现在我们面前的不仅仅是一幅幅美丽动人的画卷，更是一座座学习、研究大自然的宝库。它为人类适应自然、利用自然提供了一种科学的方法，一个合理的利用方式，一条打开自然之谜的有效途径。

自然保护区就是人类为了给子孙后代留下天然的"本底"，为了保护珍贵和濒危动植物以及各种典型的生态系统，保护珍贵的地质剖面等，人们专门划定的特殊区域进行保护。这众多的保护区犹如一粒粒明珠镶嵌在祖国的

锦绣大地之中。它们各具风采,绮丽多姿。

下面就让我们走进我国著名的自然保护区,一睹它们的风采。同时,让我们记住大自然曾经有过的美丽和绚烂,让我们把保护自然的观念放入心底。

卧龙自然保护区

卧龙自然保护区创建于1963年,创建时面积为0.02万平方千米。1975年,保护区面积扩大到0.2万平方千米。卧龙保护区的主要目的是保护大熊猫及高山森林生态系统。它是2006年7月世界遗产大会批准列入世界自然遗产名录的"卧龙·四姑娘山·夹金山脉"四川大熊猫栖息地的核心保护区。

卧龙自然保护区位于四川省阿坝藏族羌族自治州汶川县西南部,邛崃山脉东南坡,距四川省会成都130千米,交通便利。保护区内群山环抱,溪流众多,最高峰为西南的四姑娘山,海拔为6 250米,周围高于5 000米的山峰有一百多座,海拔最低为1 218米,地势从西南向东北倾斜,跌宕起伏,错落生辉。

▲卧龙自然保护区

卧龙地区的气候属于典型的亚热带内陆山地气候。西风急流南支和东南季风控制了区内的主要天气过程。冬半年(11月至翌年4月),在干冷的西风影响下,大多数时间里晴朗干燥。在冷气流的进退过程中,也常形成降雪或雨。夏半年,湿润的东南季风顺河而上,遇到高山冷气流而形成丰富的迎坡降水，使得这片地区温暖湿润。

这块温暖湿润"天堂"的形成，应该归功于巍峨磅礴的秦岭和大巴山。它们阻碍了南下的寒冷气流，给这里带来了温暖和雨水。国宝大熊猫也正是找到了这个避难所，才能生存繁衍至今。

"一山有四季，十里不同天"的气候特征使卧龙自然保护区形成了完整的植物垂直带谱。在海拔1 600米以下的地段是常绿阔叶林带，樟科、山毛榉科、山茶科和冬青科植物占绝对优势；在海拔1 600米～2 000米的地段是常绿落叶阔叶混交林，常绿的有山毛榉科、樟科等树种，落叶的有桦木科、胡桃科、槭树科等树种，局部地区有连香树、珙桐、水青树、领春木等珍稀的古老孑遗植物伴生，林下层以拐棍竹为主，植被外貌季节变化明显，春夏深绿与嫩绿相间，入秋则绿、黄、红、褐等诸色掺杂，冬季仅林冠

> **知识链接**
>
> 大熊猫是一种非常古老的物种，在人类出现之前，它们就快乐地生活在地球上了。后来，由于环境改变等等因素，大熊猫的数量急剧减少，据估算，世界上现存的野生大熊猫数量总计有一千余只。它们主要分散在我国青藏高原的东缘。因为数量稀少，外表可爱，大熊猫成为了世界上闻名遐迩的瑰宝，赢得了世界各国人民的喜爱。为了保护大熊猫，我国专门建立了一个大型的自然保护区——卧龙自然保护区。

有少量绿色点缀于白色世界中。

针阔叶混交林分布在海拔2 000米~2 600米的地段，林中的阔叶树种有红桦、槭树、藏刺榛、椴树等，针叶树种有铁杉、麦吊杉、四川红杉、松树等，林下广泛分布着拐棍竹，局部地区有大箭竹、冷箭竹。这里的植被外貌季节变化显著，春夏呈翠绿色，秋末冬初则七彩斑斓。色彩的变换构成卧龙自然保护区的一大景观。

海拔上升到3 000米之后，山上的植被变成了寒温性针叶林。林中的主要树种有麦吊杉、冷杉、方枝柏、四川红杉等。林下有大面积的冷箭竹，约占全区竹类总面积的50%。局部地区还有大箭竹、华西箭竹。这些植物的外貌呈暗绿色，颜色在各个季节变化不明显。这两个地带生长的箭竹，是大熊猫最喜欢的食物。

耐寒灌丛和高山草甸分布在海拔3 600米~4 400米的区域，耐寒灌丛以紫丁杜鹃、牛头柳、细枝绣线菊、华西银露梅和香柏为主；高山草甸有以珠芽蓼为主的杂草类草甸、以羊茅为主的禾草草甸、以矮生蒿草为主的莎草草甸等。这些草甸在夏季的时候百花齐放，景色宜人，因此吸引了众多游人前来探访。

在4 400米以上的地段，是高山流石滩稀疏植被带，这里的植物主要是多毛、肉质的矮小草本植物，如凤毛菊、耳草、红景天、蚤缀、点地梅等。此外，这里还有少量的地衣和苔藓植物。

卧龙地区的植物资源极其丰富。这里有珍稀的濒危植物245种，其中属国家一级保护植物的有珙桐、水杉；二级保护植物有伯乐树、连香树、光

知识链接

生活在卧龙地区的大熊猫约占全世界总数的十分之一。除了大熊猫外，这里还有金丝猴、扭角羚、白唇鹿、小熊猫、雪豹、水鹿、猕猴、短尾猴、红腹角雉、藏马鸡、石貂、大灵猫、小灵猫、猞猁、林麝、毛冠鹿、金雕、藏雪鸡、血雉等几十种珍稀野生动物。这里的鸟类种类繁多，中国特种鸟类的50%都分布在这里。生物学家认定，卧龙地区是世界上古老生物种保存最多最完好的地区之一。

卧龙自然保护区物种多样，风景秀丽，景观多样，气候宜人。这里集山、水、林、洞、险、峻、奇、秀于一体，还有浓郁的藏、羌民族文化点缀其间。众多的因素让卧龙变成一个具有独特文化的自然乐园。

叶珙桐、香果树、杜仲、银杏、胡桃、四川红杉、水青树；三级保护植物有黄芪、黄连、金线槭、八角莲、领春木、天麻、厚朴、扇蕨、黄薜、垂枝云杉、筇竹、大叶柳、延龄草等。

在海拔2 200米～3 600米之间，在多种多样植物的掩映下，卧龙地区成为动物的乐园。这里有各种兽类50多种，鸟类300多种，此外还有大量的爬行动物、两栖动物和昆虫。

扎龙自然保护区、盐城自然保护区

丹顶鹤是一种美丽而又深受中国人喜爱的"神鸟"。在许多传说中，丹顶鹤都是神仙们用来代步的吉祥鸟。为了保护丹顶鹤，国家建立了两个自然保护区。就让我们去一探究竟吧！

扎龙自然保护区位于黑龙江省齐齐哈尔市东南26千米处，面积0.21万平方千米。1979年，这里建成了省级自然保护区。

▲扎龙自然保护区

保护区内湖泊星罗棋布，河道纵横，水质清纯、苇草肥美，沼泽湿地生态保持良好。因此，这里被誉为鸟和水禽的"天然乐园"。1992年，扎龙被列入"世界重要湿地名录"，主要保护对象为丹顶鹤等珍禽。

每年四五月以及八九月，都会有约二三百种野生珍禽云集至此。每到这段时间，飞鸟遮天蔽地，保护区内热闹非凡，景象夺人眼球，十分壮观。

知识链接

保护区内物种十分丰富。区内有植物450种，鸟类379种，两栖爬行类45种，鱼类281种，哺乳类47种。其中，国家重点保护的一类野生动物有丹顶鹤、白头鹤、白鹤、白鹳、黑鹳、中华秋沙鸭、遗鸥、大鸨、白肩雕、金雕、白尾海雕、白鲟等12种；二类国家重点保护野生动物有獐、黑脸琵鹭、大天鹅、小青脚鹬、鸳鸯、灰鹤、鹊鹞、斑海豹等67种。保护区内有29个物种被列入世界自然保护联盟的濒危物种红皮书中。

中国的地形

扎龙自然保护区属于北温带大陆性季风气候，芦苇沼泽广袤辽远，深达1米～3米，人类难以进入。这样得天独厚的环境为这些珍贵水禽的生存和繁衍创造了条件。

扎龙自然保护区有一处长8千米、宽9千米，面积15.50平方千米的"扎龙湖观鸟旅游区"，在这里可以观看水禽活动、芦苇沼泽景观和各种鸟类的电影录像等。每当暮春仲夏，芦苇青青。在清澈的水面上，飘浮着水浮莲、茭角等水生植物，四周草地翠绿，野花飘香，游人徜徉在这北国的水乡泽国中，欣赏着野生珍禽自由遨游，一种真正回归大自然的感觉会油然而生。

除了扎龙保护区以外，专门为丹顶鹤建立的自然保护区还有盐城自然保护区。

▲盐城自然保护区

盐城保护区地处江苏中部沿海，辖东台、大丰、射阳、滨海和响水五县(市)的滩涂。这里是我国最大的海岸带保护区，区内海岸线长582千米，总面积0.45万平方千米，其中核心区为0.02万平方千米。盐城自然保护区保护着丹顶鹤等珍稀野生动物及其赖以生存的栖息地——滩涂湿地生态系统，是黄海之滨的一颗明珠。

盐城自然保护区地势平坦。在黄海滔天大浪的冲击作用及潮汐作用下，再加上古黄河三角洲和长江三角洲挟带的泥沙，这里形成了长达444千米的淤泥质平原海岸。这里也是太

> **知识链接**
>
> 扎龙是我国建立的第一个水禽自然保护区，区内有鸟类248种，主要的保护对象多是鹤类。目前，在世界上的15种鹤中，在扎龙就能见到丹顶鹤、白鹤、白头鹤、蓑羽鹤、灰鹤等6种。
>
> 这里有国家一、二级保护鸟类35种，一级有丹顶鹤、白枕鹤、白琵鹭等。除丰富的鸟资源外，保护区内还有20种兽类，包括狼、赤狐、狍、獾和黄羊等。区内的两栖类有4种，包括中国林蛙、黑斜线蛙、列斑雨蛙、花嘴蟾蜍等。区内的爬行动物有3种，包括蜥蜴、淡水龟等。这里还有水生鱼类40种，其中以鲫鱼的数量最多。

平洋西岸最大的湿地。

盐城狭长的海岸线和宽阔的湿地为鸟类提供了良好的生存空间。这里不仅是湿地鸟类的天堂，还是东北亚与澳大利亚候鸟迁徙的重要停歇地，以及多种水禽重要的越冬地。每年春秋，都会有近300万只候鸟迁飞经过盐城，有20多万只水禽在保护区越冬。

近几年来，盐城国家级珍禽自然保护区不断加强湿地建设，保护区核心面积不断扩大，生态质量明显提高，来这里越冬的丹顶鹤逐年攀升。众多的鸟类占据着不同的时空，使这颗闪亮的黄海明珠绽放出更加多彩的光芒。

鼎湖山自然保护区

打开世界植被图，沿着北回归线从西向东望去，褐黄的颜色就会挤满视线。看看图例就明白，这条线上都是令人望而生畏的沙漠区。然而，当目光继续往东，来到中国境内时，一片郁郁葱葱的森林就会像一块璀璨的翡翠一般扑入眼帘。这块翡翠就是被誉为"北回归线沙漠带上绿洲"的广东鼎湖山。

鼎湖山自然保护区位于广东省肇庆市境内，东距广州86千米，南临西江3千米，西离肇庆市中心18千米，北与九坑相邻。保护区的面积为0.002万平方千米。鼎湖山保护区建于1956年，是我国第一个自然保护区。它地处热带北缘，亚热带南缘。温暖湿润的季风气候是大自然对鼎湖山的馈赠。

保护区内保存并繁衍着众多的森林植被类型。从山麓到山顶，依次分布着沟谷雨林、季风常绿阔叶林、常绿阔叶林等自然植被。鼎湖山的季风常绿阔叶林迄今已有近400年的保存历史，它在种类组成、群落结构、生长发育和进化演替等方面都有其特殊的规律，反映了本地带植被的最高生产力水平及其自然资源状况，是研究自然生态平衡的样板。

踏进鼎湖山，如同走进了一个生

> **知识链接**
>
> 生机勃勃的鼎湖山也是许多高等野生动物的乐园。其中，属于国家重点保护动物的有豹、穿山甲、蟒、小灵猫等。生物学家把鼎湖山称为"物种宝库"和"基因储存库"。由于这里蕴藏着丰富的动植物资源，鼎湖山成为人们监测、研究、保存、繁殖和利用自然资源的绝佳实验室。鼎湖山真不愧是华南地区的一座"活的自然博物馆"！

机勃勃的自然博物馆。这里遍地珍奇，满山宝藏。保护区内生长着2 500多种高等植物，约占广东植物总数的四分之一。1845种野生高等植物中，桫椤、紫荆木、土沉香等国家保护植物达22种。鼎湖冬青、鼎湖钓樟等华南特有种和模式产地种更是多达30种。被称为活化石的古老孑遗植物桫椤，逃过了第四纪冰川的浩劫，在鼎湖山生存下来，虽野生数量已寥寥无几，但其同门兄弟黑桫椤却选择阴湿避风的地方安家落户，已成旺族。经过40年的保护和繁殖，一些珍稀濒危种类在鼎湖山已不再是孤家寡人了。

　　徜徉古林绿海之中，品味"到此已无尘半点，上来更有碧千寻"的意境，更是令人心旷神怡。那离奇古怪、神秘玄妙的热带森林景观，会让人回味无穷，流连忘返。在土壤浅薄的山坡上耸立着雄伟壮观的板状根。它们形如板墙，又似昆鹏展翅，向四周延伸，牢固地支撑着仁面子、荔枝等参天大树，让它们雄踞于林冠之首。那黑的、青的、黄的、红的，五颜六色，千姿百态的藤蔓植物，有的圆粗如巨蟒，有的扁平如履带，有的则纤细如丝线。

▼鼎湖山

它们时而卧地而行，时而攀岩走壁，绕树而上；似秋千，似绳杆，腾空飞挂于大树之间，纵横交织于林冠之上，无所不在地显示它们坚忍顽强的生存本领。

各地的物种荟萃在鼎湖山，把这里装点得花枝招展，充满生机。春天，油麻藤那圆粗的茎干上，开出了一串串晶莹剔透、丰腴动人的禾雀花。白的白里泛绿，红的红中透紫，似一群排列有序、振翅欲飞的禾雀。在林木稀疏的杜鹃山上，20多种华南杜鹃花竞相怒放，红色、白色、紫红色、粉红色，满山遍野，争春斗艳。初夏，锥栗、荷木盛开花儿，一簇簇淡黄色的花球点缀在高低起伏、参差不齐的林冠上，在阳光下闪闪发光，引来成群的蜂飞蝶舞。秋冬季节，山杜英、天料木、山乌桕的叶子由绿变红，似一抹血色涌动在暗绿丛中。鱼尾葵的果实嫣红如玛瑙，俨然串串佛珠，倒悬在笔直挺拔的茎干上，耀眼夺目。红花油茶那鲜红硕大的果实，会使你仿佛走进了春华秋实的苹果园。而桂花那浓郁、沁人心脾的清香，令人魄荡神游，飘飘欲仙。

西双版纳自然保护区

美丽的西双版纳自然保护区是我国唯一的热带雨林自然保护区。保护区内林木参天蔽日，珍禽异兽比比皆是，奇花异草随处可见。徜徉在这神秘的热带森林之中的人们，仿佛置身于仙境。看到这一切的人，不由得就会陶醉在大自然的博大精深之中。

西双版纳拥有高等植物3 500多种，约占全国高等植物的八分之一。其中，被列为国家重点保护的珍稀、濒危植物有望天树、桫椤、野生稻、板状根等58种，占全国保护植物的15%。高大挺拔的望天树是这片热带雨林的标志。

> **知识链接**
>
> 西双版纳自然保护区位于云南省西双版纳傣族自治州，面积0.24万平方千米。西双版纳拥有数千种的热带动植物。它的热带雨林、南亚热带常绿阔叶林、珍稀动植物种群，以及整个森林生态都是无价之宝。这里也是世界上唯一保存完好的连片大面积的热带森林。1996年，西双版纳晋升为国家级自然保护区，并在七年后加入了联合国教科文组织国际"人与生物圈"保护区网。从此，西双版纳进入了全世界自然爱好者的视线。

葱葱郁郁的林海给758种脊椎动物提供了安乐窝。这里有亚洲最大的陆生脊椎动物——170多头我国一级保护动物野象。此外,这里还有孟加拉虎、黑冠长臂猿等30多种国家重点保护动物,以及双带鱼猿等7种特有动物。这些或者可爱,或者凶猛,或者奇特的动物给这片美丽的植物世界带来了勃勃的生机。

独木成林的榕树、婀娜开屏的孔雀、腾跃山林的金丝猴……它们都是大自然在西双版纳这幅美丽画卷上留下的神来之笔。面对这样的美景,我们怎么能让这里的环境被破坏,让这里的动物无处安家呢?

▲野象谷

保护环境,就要从对美丽环境的热爱开始!

珠穆朗玛峰自然保护区

通过前面的介绍,我们已经了解了世界第一高峰——珠穆朗玛峰。不过,大家知道吗?珠穆朗玛峰也是一处国家级的自然保护区。

珠穆朗玛峰自然保护区建立于1988年。保护区内拥有世界第一高峰和其他四座海拔8 000米以上的山峰。

人人都知道,珠穆朗玛峰是世界上的最高峰。于是,这里给人们留下的印象也往往是空气稀薄、气候寒冷、白雪皑皑、道路艰险。然而,很少有人知道,珠穆朗玛峰也是一块天赐的福地呢。

珠穆朗玛峰的气候可以用四句话概括:"山顶四季雪,山下四季春,一山分四季,十里不同天。"这样的气候特点,为多种生物的生长提供了非常有利的条件。在珠穆朗玛峰自然保护区内,珍稀濒危物种、新种及特有种分布广泛。初步调查的结果显示:这里共有高等植物2 348种,哺乳动物53种,鸟类206种，两栖动物8种，鱼类10种。这其中，国家重点保护的珍稀濒危动植物有47种，包括国家一级保护动植物10种，二级保护动植物28种。这些珍稀的物种也让这片保护区成为世界上最独特的生物地理区域。

▲珠穆朗玛峰

由于珠穆朗玛峰所处的纬度位置比较低，海拔却又极高，两侧的山坡上垂直落差大，因而在它的两侧山坡上都形成了变化多样的植被垂直分布。从山脚到山顶，人们一路上可以看到亚热带树林-温带树林-温带草场-寒带树林-寒带草场-寒带荒漠等各种各样的生物系统。丰富多样的生物系统，让珠穆朗玛峰成为生物研究的一处绝佳场所。

可可西里自然保护区

大家在电视上见过可爱的藏羚羊吗？北京奥运会的吉祥物之一就是藏羚羊。这些可爱的高原精灵，就生活在一个叫做可可西里的地方。

可可西里自然保护区位于青海西南部的玉树藏族自治州境内，是现如今全世界原始生态环

▲可可西里的藏羚羊

境保存最完美的地区之一，也是目前我国建成的面积最大、海拔最高、野生动物资源最为丰富的自然保护区之一。

中国的地形

可可西里是一片由众多山岭、峡谷、河流、湖泊和盆地组成的山地。绵延千里的沙丘、广袤无垠的高寒草原是这里最常见的地面形态。这里气候严酷，自然条件恶劣。可可西里是"生命的禁区"，是我国最大的一片无人区。然而，正是因为没有人类活动的干扰，高原野生动物在这里获得了十分完美的生存条件，它们把这片荒漠变成了它们的乐园。

可可西里地区拥有高等植物约202种。这里的植物以矮小的草本植物和垫状植物为主，木本植物极少。200多种植物中，有许多只在这片自然环境恶劣的地区才有分布。这里堪称是一间高原植物的标本库。

可可西里的植物种类少，但是种群大，分布广。它们以自己旺盛而又顽强的生命力，养育着分布在这里的高寒野生动物。目前，在可可西里地区发现的动物有哺乳类29种，鸟类54种。在这些物种里面，有许多是当地特有的品种。其中最著名的物种当属藏羚羊、藏野驴、野牦牛和藏原羚等。

▲西双版纳望天树

知识链接

藏羚羊是"可可西里的骄傲"，也是当地最有代表性的物种。它是我国特有的物种，国家一级保护动物，也是列入《濒危野生动植物种国际贸易公约》中严禁贸易的濒危动物。藏羚羊不是大熊猫那样受到自然淘汰威胁的物种，而是一种优势动物。如果你看到它们成群结队在雪后初霁的地平线上涌出，看到它们精灵一般的身材，飞翔一般的跑姿，你就会相信，如果没有人类的干扰，它能够在这片土地上生存数千万年。

然而，人们的贪婪和捕杀，让可可西里的藏羚羊数量在五十年内急剧下降。时至今日，藏羚羊已经从这片土地的精灵变成了这片土地上最需要保护的物种。人类的贪婪毁掉了无数美好的东西，我们必须停下自己破坏自然的脚步，必须学会和这些自然的宠儿共同相处。如果世界上没有了这些美丽的生物，人类必将受到大自然最严厉的惩罚。

神农架自然保护区

神农架自然保护区地处大巴山系与武当山系之间，总面积70 467公顷。主峰大神农架海拔3 052米，素有"华中屋脊"之称。

神农架成功地躲过了导致许多生物灭绝的第四纪冰川，因此，这里成为各地植物的"诺亚方舟"。许多古老、珍稀和特有的植物都生活在这里。在保护区内，光蕨类植物和种子植物就有2 062种。

▲神农架自然保护区

这其中属于国家重点保护植物的有珙桐、香果树、连香树、银杏、红豆杉等32种。汉白杨、红坪杏、毛属叶鼠李、文玉、长果楸等33种植物都是神农架的特有物种。

这里的野生动物种类也很繁多，光脊椎动物就有334种，其中国家重点保护野生动物有金丝猴、华南虎、金钱豹、白冠长尾雉、金雕、大鲵等54种。此外，人们在这里还多次发现白熊、白麂、白鹿、白蛇等白化动物。这些神奇的动物在科学研究方面具有重要的价值。

茫茫的林海、完好的原始生态系统、丰富的生物多样性、宜人的气候条件、原始独特的内陆高山文化，共同构成了绚丽多彩的山水画卷。自从传说在神农架发现野人之后，这里更是充满了神秘的色彩。许多人都想深入这里的崇山峻岭、葱郁森林，一探其中的秘密。神农架也因自己的独特和神秘，受到了人们越来越多的喜爱。

珍藏中国 中国的地形

九寨沟自然保护区

九寨沟是一个五彩斑斓、绚丽奇绝的瑶池玉盆，也是一处原始古朴、神奇梦幻的人间仙境，还是一个不见纤尘、自然纯净的童话世界。九寨沟以神妙奇幻的翠海、飞瀑、彩林、雪峰等神奇而又美丽的自然与丰富独特的人文景观，成为中国唯一一处拥有"世界自然遗产"和"世界生物圈保护区"两顶桂冠的自然圣地。

▲九寨沟风光

九寨沟自然保护区位于四川省南坪县。1997年被联合国纳入世界生物保护区网。该保护区面积约为6万公顷，是我国第一个以保护自然风景为主要目的的自然保护区。

九寨沟保护区地势南高北低，山谷深切，高低差悬殊，区北缘九寨沟口海拔仅2 000米，中部峰岭均在4 000米以上，南缘达4 500米以上，气候随海拔高度而变化。这里属石灰岩地区，岩溶地貌发育，境内有高山湖泊108个，整个湖群多以激流、瀑布所串联，似念珠

知识链接

九寨沟不仅有美丽的风光，当地的动植物资源也很丰富。九寨沟的森林覆盖率达到80%～90%，林中的藤本植物有38种，名贵中药有冬虫夏草、雪莲、雪茶、川贝母、天麻等。保护区内还有国家级保护植物四川红杉、星叶草、三尖杉、白皮杉、麦吊云杉、领春木、连香树等。

茂密的森林里，动物种类繁多。这里拥有陆栖脊椎动物122种，包括兽类21种，鸟类93种，爬行类4种，两栖类4种。其中国家级保护动物有一级的大熊猫、金丝猴、豹、白唇鹿、扭角羚、绿尾虹雉和二级的猕猴、小熊猫、林麝、斑羚、蓝马鸡、红腹锦鸡、红腹角雉、斑尾榛鸡、雉鹑、金雕等。

九寨沟是一个天堂般诗意的名字，它保持着原始的高峰、彩林、翠海、叠瀑。勤劳而又智慧的藏家人民也为这里贡献了独特的藏家风情。游人置身九寨沟，就像来到了梦中的仙境。如果大家有机会，就去亲自探索一下九寨沟背后的无穷秘密吧！

串式沿谷底绵延数十里，众多湖泊中，最吸引人的是"五花海"。由于湖底有各种颜色的沉积物和水生植物，在阳光照射下，湖面就会呈现出黄、橙、绿、蓝、灰等多种色彩，美妙至极。此外，皑皑雪山、墨绿的森林、众多的

▲九寨沟风光

飞瀑，倒映在一个个宝蓝色的高山湖泊里，形成了无数水光浮翠、倒映林岚的美景。

九寨沟保护区以其水色之秀，山光之美，被国内外慕名而来的游人称为"人间仙境"。

梵净山自然保护区

梵净山自然保护区坐落在支离破碎的云贵高原上，位于贵州省的江口、印江、松桃三县交界处。保护区的面积为419平方千米，区内的主要保护对象是亚热带森林生态系统及黔金丝猴、珙桐等珍稀动植物。

保护区内的高等植物有1 000多种，仅国家重点保护植物就有21种，珙桐是当地植物中最为著名的一种。

生物学家们在梵净山发现了大面积珙桐的存在。珙桐素有"植物活化石"之称，是第三纪古热带植物区系的孑遗种，也是我国8种一级重点保护植物中的珍品。它是我国独有的珍稀名贵观赏植物，又是制作细木雕刻、名贵家具的优质木材。由于珙桐的花形酷似展翅飞翔的白鸽，这种树还被西方植物学家命名

> **知识链接**
>
> 梵净山是武陵山的主峰，海拔2 572米，山区具有明显的中亚热带山地季风气候特征。梵净山内植物种类丰富，由于海拔高度和气候变化，从山底到山顶共有5个垂直分布带，矮林、灌丛、常绿阔叶林、针叶林等错落有致地分布着，古老、孑遗物种也特别多。这里是我国西部中亚热带山地典型的原生植被保存地。

珍藏中国 中国的地形

▲ 金丝猴

▲ 珙桐

为"中国鸽子树"。

这座天然的绿色宝库中还栖息着脊椎动物382种。其中，国家重点保护动物有黔金丝猴、云豹、猕猴、林麝、大灵猫等14种。在溪河源还生存着两栖动物大鲵，也就是俗称的"娃娃鱼"。梵净山是黔金丝猴的唯一分布区，黔金丝猴也是这茫茫丛林中的主宰者。

黔金丝猴和自己的同胞川金丝猴相比体型稍小，但尾巴更长。它们经常栖息在常绿阔叶林、混交林和落叶阔叶林中，活动的海拔高度比川、滇金丝猴都要低。梵净山区的金丝猴多栖身在海拔500米～800米的河谷阔叶林内，夏季它们就会跑到海拔1 400米～2 200米左右的阔叶混交林里面"避暑"。

群居性的黔金丝猴是我国特有的三种金丝猴（川金丝猴、滇金丝猴、黔金丝猴）中分布范围最小、现存数量最少的一种。据考察，黔金丝猴的现存数量仅有700多只，它们被列为国家一级重点保护动物。

长白山自然保护区

▲长白山天池

　　人称"千年积雪万年松，直上人间第一峰"的长白山自然保护区位于吉林省的东南部，地跨延边朝鲜族自治州的安图县和浑江地区的抚松县、长白县，东南与朝鲜毗邻。它建于1960年，1986年经国务院批准成为国家级自然保护区，是我国已建的799个自然保护区中最早建立的几个自然保护区之一。1980年，长白山保护区加入了联合国教科文组织"人与生物圈"计划，成为世界生物圈保留地之一。

中国的地形

长白山自然保护区的总面积为0.19万平方千米，海拔高度为2 749米，是我国众多名山中面积最大、纬度最高的一个。长白山是一座巨型复式火山，中心火山锥体属于复合层状截顶火山锥体，是一座休眠火山，火山锥体是多次火山岩浆喷发物叠加而形成的。由于环境、地势、气候的影响，长白山火山锥体和熔岩高原上发育形成了很多河流、瀑布和湖泊，其中较大的有长白山天池、银环湖（小天池）、天池浴躬池（圆池）、王池鸳鸯泡，长白山天池是这些湖泊中面积最大的，也是最著名的。

> **知识链接**
>
> 丰富的植物资源，为野生动物提供了良好的生活环境，已知的野生动物有1 225种，属国家重点保护动物59种，其中东北虎、金钱豹、梅花鹿、紫貂、黑鹳、白鹳、金雕、白肩雕、丹顶鹤、中华秋沙鸭为国家一级保护动物；豺、麝、黑熊、棕熊、水獭、猞猁、马鹿、青羊（斑羚）、鸦、鸢、蜂鹰、苍鹰、乌雕、秃鹫、鹊鸨、游隼等属国家二级保护动物。

长白山自然保护区凭借其独特的地理位置，成为同纬度地区生物多样性最丰富的地区，东北地区的三宝——人参、貂皮、鹿茸角就主要生长在这里。山上形成了垂直分布的四大景观带，从山地到山顶分别是针阔混交林带、暗针叶林带、岳桦林景观带、高山苔原景观带。

在针阔混交林带中，森林生长茂密，树木种类繁多，形成了"长白林海"的壮丽景观。这里的树木种类众多，灌木和草本植物层次分明，以红松为主的常绿针叶树和落叶阔叶树混交是这一带的代表类型。森林下发育着比较好的山地棕色森林土。暗针叶林带分布于倾斜玄武岩高原上，森林结构比较简单，云杉占据优势，树高林密，四季常青，林下土壤主要是山地棕色泰加林土。由于林冠遮天蔽日，林下明暗潮湿冠木和杂草生长稀疏。

> **知识链接**
>
> 长白山天池位于长白山主峰火山锥体的顶部。这里原本是一个火山口，经过漫长的年代积水成湖。天池是图门江、松花江、鸭绿江的三江之源，它用自己的万年融水，滋养着美丽的东北平原。

岳桦林景观带分布在海拔1 800米~2 100米之间，乔木以岳桦为主，亦分布有云杉、冷杉、落叶松和东北赤杨等。灌木主要有牛皮杜鹃、笃斯越橘等，土壤类型为山地生草

▲岳桦林

森林土。高山苔原景观带分布在海拔2 100米以上，植被类型为高山苔原，无高大乔木，仅有矮小的灌木、多年生的草本植物、地衣、苔藓等，主要植物有牛皮杜鹃、笃斯越橘、松毛翠、大白花地榆、长白景天、圆叶柳等。这两个带是在中国唯一的亚高山岳华矮曲林带和以灌木草本为主的高山苔原带，这里浓缩了从温带到极地的主要生物景观。

长白山自然保护区不仅植物类型复杂多样，而且种类繁多，目前已经查明的野生植物有2 277种，其中仅国家重点保护植物就有25种。人参是国家一级保护植物；刺人参、岩高兰、对开蕨、山楂海棠、狭叶瓶儿小草为国家二级保护植物；长白松、长白柳、钻天柳、水曲柳、朝鲜崖柏、黄菠萝、胡桃楸、天麻、玫瑰、黄芪、野大豆、刺五加、草苁蓉、川贝母、松毛翠、天女木兰、牛皮杜鹃、苑叶杜鹃为国家三级保护植物。这些珍贵的物种点缀在长白山上，把这里变成了一座名副其实的宝库。

典型完整的动植物资源和富有北国情趣的冰雪风光让长白山成为一个令人神往的地方。北国风光，林海雪原。如果你愿意感受这样的壮阔和豪迈，就来长白山亲自看一看吧！

喀纳斯自然保护区

站在美丽的喀纳斯湖畔，朝看雾托翠岭，晚观长河落日，抬头蓝天碧空如洗，俯首湖水清澈似镜。眼前，群山怀抱的喀纳斯湖或深、或浅、或绿、或蓝，平静而深邃。这里远离世间的喧嚣与纷扰，长堤翠绿，落木寒山。来到这里的人们，都会感到自己的内心受到了最彻底的洗涤，变得清澈无比。

美丽而又神秘的喀纳斯自然保护区位于新疆维吾尔自治区北部布尔津县境内。这里地处阿尔泰山主峰西南侧，也是中俄、中哈、中蒙交界的三角地带。保护区的面积为25万公顷，喀纳斯湖是保护区内最美的风景。喀纳斯保护区内保存着完整的自然生态系统，这里是我国唯一的欧洲-西伯利亚生物区系的代表，具有重要的保护价值和科研价值。

保护区的西段山区受第四纪冰川和北冰洋气候的影响，形成了特殊的自然景观和植被类型。区内的森林、草原、草甸相间交错，呈垂直分布，森林植被基本处于原始状态，其优势树种为西伯利亚的特有物种，它们也形成了我国唯一的泰加林景观。森林里苍劲的五针松和挺拔、秀丽的冷杉都是我国独有的物种。塔形的云杉，耐寒耐旱的落叶松和如少女般静候在湖边的白桦树一起，构成了一幅充满活力的立体画面。

保护区内的动物资源也非常丰富。列入国家重点保护的物种有雪豹、盘羊、猞猁、紫貂、黑琴鸡、松鸡等。

碧波荡漾、神秘诱人的喀纳斯湖静静地躺在阿勒泰山的山脚下。湖光山色让人心醉，喀纳斯湖的神秘更是令人向往。从空中看，喀纳斯湖更像一轮月牙儿。湖东岸为弯月的内侧，沿岸有6道向湖心凸出的基岩平台，使湖岸形成井然有序的6道湾。这里的每一道弯都有一个神奇的传说。其中第一道弯的基岩平台，是一块巨大的羊背石，石头上面有两处岩画，好

▲ 喀纳斯冬景

珍藏中国 中国的地形

▲ 喀纳斯湖

　　似一头卧羊，昂首观湖；临湖生长一棵西伯利亚雪松，在翘首迎接客人的到来。第二道弯是湖水最深的地方，也是传说中的"湖怪"经常出没之地。第三道弯有一处天然的观湖台。第四道弯有一个美丽的湖心岛，小岛是一整块浮出水面的巨石，上面树木葱郁。第五道弯湖畔有一座喜鹊山。转过第六道湾就到了湖的尽头，壮丽的雪山下，"枯木长堤"的奇景展现在眼前。

　　喀纳斯湖的美丽，美在湖光山色的雄奇与秀丽，也美在大湖四周的冰川、雪山、原始森林、草原、河流、湖泊等共同支撑的美丽"背景"，远远看去，海拔4 374米的阿尔泰山主峰——友谊峰高高耸立，374条银光闪烁的冰川像一条条银链环绕着山体。正是这些冰川融水，孕育着风景秀丽的喀纳斯湖，使喀纳斯湖保持着充足的水源和磅礴的气势。

　　喀纳斯自然保护区风光秀美。在这里，大自然是一本博大的书，它不仅让人们看到五彩缤纷的图画，也让人们懂得珍惜大自然的美丽。喀纳斯，是大自然放置在西北边陲的一颗美丽的蓝宝石！

武夷山自然保护区

▲武夷山风光

　　武夷山自然保护区位于武夷山、建阳、光泽三县（市）交界处，南北长52千米，东西宽22千米，方圆570平方千米。它是目前中国面积最大的世界遗产地和我国4个双重世界遗产地之一。

　　武夷山自然保护区地处中亚热带，境内以黄岗山为主峰的海拔1 800米以上的山峰有34座，形成天然屏障，冬季可阻挡、削弱北方冷空气的入侵，夏季可抬升、截留东南海洋季风。因此，山区形成了中亚热带温暖湿润的季风气候区。在这种优越的自然条件下，武夷山孕育出了一个植物的王国。

　　保护区内主要森林植被类型有常绿阔叶林、针阔叶过渡林、常绿落叶阔叶混交林、针叶林、中山矮曲林、中山草甸、竹林等11个植被类型。其中列入国家重点保护的珍贵树种有银杏、水松、南方铁杉、钟萼木、鹅掌楸、香果树、银钟树、观光木等19种。还有紫楠、香花木、武夷四照花以及武夷玉山竹、崇安唐竹等一百数十种珍稀物种或武夷特有物种。这些珍稀植物在研究植物进化史方面，具有很高的价值。此外，在保护区内，还保存着2万多公顷原始类型的森林。无边无际的绿色，是武夷山最美丽的色调。

武夷山自然保护区内动物种类也相当丰富，现在已经知道的有5 000多种。国家重点保护动物57种，中国特有的野生动物49种，哺乳动物70种左右，最珍贵的哺乳动物当数华南虎和金钱豹；在200种野生鸟类中，留鸟90多种，候鸟60多种，旅鸟30多种，著名珍禽有黄腹角雉等；爬行动物70多种，蛇类中有眼镜王蛇、眼镜蛇、五步蛇和银环蛇等10种毒蛇；两栖动物已知有40种左右，最出名的蟾类是"角怪"。蜱螨昆虫约有2万种。武夷山的蝴蝶大约有200种，"金斑喙凤蝶"是全世界最珍贵的蝴蝶之一。如此丰富的生物种类让武夷山自然保护区以"世界生物之窗"、"天然植物园"、"生物模式标本产地"、"蛇的王国"、"鸟的天堂"、"昆虫的世界"、"研究亚洲两栖爬行动物的钥匙"的赞誉而蜚声中外。

山不在高，有水则灵。保护区内生态旅游资源丰富：有多姿多彩的生态景观，壮观迷人的水体景观，奇趣怪异的森林动植物，峰峦叠嶂和奇岩幽谷构成的雄伟奇特的峰石景观，变化万千的气象景观和别具一格的人文景观。被誉为"东南大陆第一峰"的黄岗山尤其令人赞叹。武夷山区是国内空气质量最佳的区域之一，被称为"天然氧吧"。每年来武夷山旅游和养生的人们络绎不绝。

武夷山是大自然送给人类的一份珍贵的礼物，我们要保护它，热爱它。总有一天，我们会和大自然和谐相处，重新把我们的地球变成一个生机盎然的美丽家园！